攻防任选

[英]朱利安·波塔杰　著

王止戈　译

成都时代出版社

四川省版权局
著作权合同登记章
图进字 21-2016-226 号

图书在版编目（CIP）数据

攻防任选/（英）朱利安·波塔杰著；王止戈译. --成都：成都时代出版社，2016.9
ISBN 978-7-5464-1694-6

Ⅰ.①攻… Ⅱ.①朱…②王… Ⅲ.①桥牌-基本知识 Ⅳ.①G892
中国版本图书馆 CIP 数据核字（2016）第 170201 号

攻防任选
GongFang RenXuan
[英] 朱利安·波塔杰 著
王止戈 译

出 品 人　石碧川
责任编辑　曾绍东
封面设计　陈二龙
版式设计　陈二龙
责任校对　陈 硕
责任印制　干燕飞

出版发行　成都时代出版社
电　　话　（028）86619530（编辑部）
　　　　　（028）86615250（发行部）
印　　刷　成都蜀通印务有限责任公司
规　　格　165mm×230mm 1/16
印　　张　9.25
字　　数　130 千字
版　　次　2016 年 9 月第 1 版
印　　次　2016 年 9 月第 1 次印刷
印　　数　1-5000 册
书　　号　ISBN 978-7-5464-1694-6
定　　价　26.00 元

前言

朱利安邀请我复查他这本新书的文稿时，我起初对他限定的日期有些担心。可我马上就被他书中的牌例吸引得自动把所有可用时间都投入进去了。尽管我始终对于桥牌的打牌技巧很感兴趣，但还是得承认有些牌例对于我来说竟然是陌生的。更奇妙的是，虽然我一般把这些难题当作双明手看待，朱利安却总能把它们安排成只要致胜一方愿意做出努力，就可以合情合理地推算出最可能的牌张分布情况，再做出一些努力，就能找到获取胜利的道路。

这种效果显著的形式原本是由安德鲁·迪奥西设计的。有时，我不用看背面的答案第一部分就能解决问题，也许小标题有泄密的嫌疑，比如，第一例就很明显！当我不能马上找到问题所在时，我翻过书页，通常就被告知，某某人在牌桌上会犯什么样的错误，我从此处继续努力解题。大多数情况下，我可以找到一个更好的打法，但我的担心也随之到来了：这是朱利安提供的正解吗，或许对方能有什么凶狠的招数打败我？果真如此，我还有什么更好的应对方法吗？经常在我有些自鸣得意的时候，答案第二部分马上指出我漏过了什么要点，悔恨是不可避免的，可对能够看到正解我还是很高兴的。

无论你解题的结果比我好还是差，我坚信你会像我一样会喜欢这本书的。我衷心期望，并相信，朱利安所选择的受捐赠者，无国界医生组织也能像我们一样受益。

休·达尔文

1

引言

为《作庄还是防守》写引言时，我表示了这本书还会有后续的姊妹篇。我兑现自己的诺言了！对我而言，两本书相隔九年是有点长了。这之间发生了许多事情。我从英格兰搬到了威尔士，我现在有了一个女儿，同时有了夫人和三个儿子……还有两条狗。

《攻防任选》是我写的第二十五本书，虽然它可能不是第二十五本付印的书——但那是另外一回事了。为了庆祝这一成就，我把这本书的版税全部捐给了一个慈善机构，无国界医生组织。这个组织为世界上最荒蛮、遭受贫穷、战乱，而当地政府能力欠缺的国度提供医疗卫生和人道主义援助。做出这个选择，一方面是因为他们没有任何政治或宗教倾向性，一方面是因为所有人都有医疗卫生方面的需求。

《攻防任选》的形式与其姊妹篇是一致的。你可以看到整手牌，辅以叫牌进程和首攻的信息。此后，你有两次机会在打牌过程中研究可能发生的变化。如果你想对自己做测试，每副牌你都可以为自己选择座位。在整本书的 72 副牌里，庄家与防守方取得最后胜利的次数基本相等。

请记住，虽然你能看到四手牌，桌上的牌手们是看不到的。假设你在观看 BBO 或者实况转播——或者是在阅读杂志上的文章——这不难做到。发牌人和局况都按照一般复式桥牌来设定。比如，在第 1 副、17 副和 33 副，都是北家发牌，双方无局。我把牌例按六组，每组 12 副牌编在一起。在每组的 12 副牌中，难度基本是逐渐增加的。

叫牌都是平铺直叙的。如果我认为有一部分读者对某个叫品可能不够理解，我会做出解释。在大多数牌例中，攻防双方的目标都是定约的成败——你不用考虑超额赢墩或额外的宕墩。有几个牌例的定约明显是在牺牲。此时，双方的目标都是要赢取足够的墩数以获得更合算的分数。

在我对众多让本书文稿得以付印的朋友表示感谢之前，必须先要提到最重要的人——我尊敬的读者们。如果没有人读我的书，自然也不会有人愿意把它印出来，而我也就该放弃写这些书了。

这次帮助我复核文稿的是皮特·巴罗斯，休·达尔文和茂林·丹尼森。两款软件，比尔·贝雷的《深飞》和艾德·马佐的《专业发牌手》也对我有很大的帮助。

朱利安·波太吉，波特考尔，威尔士

2012 年 6 月

目 录 Content

第一章

日出之前

第一章 小结

牌例 1 超级黑桃号码

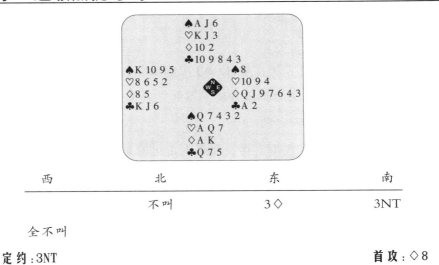

西	北	东	南
	不叫	3◇	3NT

全不叫

定约：3NT   首攻：◇8

牌例 2 传递信息

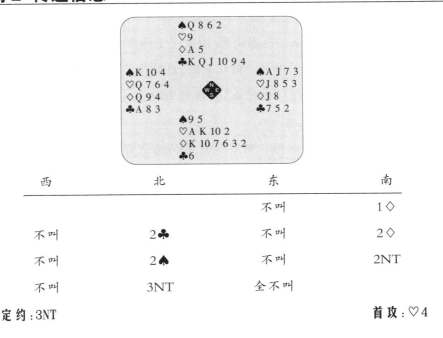

西	北	东	南
		不叫	1◇
不叫	2♣	不叫	2◇
不叫	2♠	不叫	2NT
不叫	3NT	全不叫	

定约：3NT   首攻：♡4

3

牌例 1 超级黑桃号码

答案——第一部分

实战中的定约人吃进方块首攻，以♠J飞牌后兑现♠A。东家告缺，明手引♣10飞牌到♣J。西家吃进后续攻方块。不久之后东家用♣A进手，兑现已经树立的方块赢墩，从而击宕定约。

黑桃 4-1 分布多少有些不走运，而更不走运的是东家可以在第二轮梅花上手。你能否找到克服上述不利分布的做庄路线？抑或是分布过于不利，因而你无可作为？请参阅下文的第二部分答案。

牌例 2 传递信息

答案——第一部分

东家扑上♡J，被 K 吃进。南家开始处理梅花。西家略作思考。第一墩牌标明了南家拿着♡A 和♡K。西家认为，南家叫了两次方块，他也很可能有◇K。两门红花色的 AK 加上明手的五个梅花赢墩，总共就是九个赢墩了。因此，西家赢进梅花后换攻了♠K。随后再出♠10，被 Q 和 A 盖打。尽管东家还可以兑现♠J，防守方只能拿到四墩牌。

这个定约是铁打不宕的吗？如果不是，防守方怎样才能找到打败它的路线？别忘了，他们看不到同伴的牌。请看后面第二部分答案。

牌例 3 排除东家

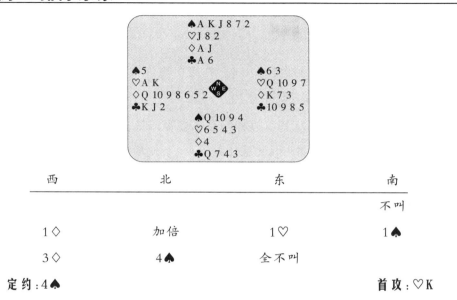

西	北	东	南
			不叫
1◇	加倍	1♡	1♠
3◇	4♠	全不叫	

定约:4♠　　　　　　　　　　　　　　　　　　　　　　　首攻:♡K

牌例 4 为时未晚

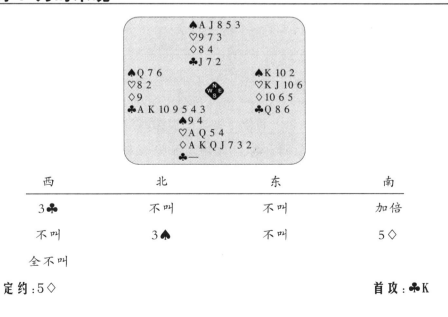

西	北	东	南
3♣	不叫	不叫	加倍
不叫	3♠	不叫	5◇
全不叫			

定约:5◇　　　　　　　　　　　　　　　　　　　　　　　首攻:♣K

牌例 3 排除东家

答案——第一部分

前面的打牌过程你猜都猜得出来。在第一墩红桃上，东家跟出了 10。西家继续出 A，东家跟 9。西家换攻了 ◇10。

看来东家的 ♡9 是要求转攻方块的花色选择信号；无论如何，看不出西家有什么理由要从 KQ 底下低引，因此就扑上了 ◇A。此后打了两轮将牌。叫牌和前面的打牌过程清晰地表明用红桃垫去明手一个梅花输张，要求红桃 3-3 分布是没什么希望了。尝试建立 ♣Q 垫掉一张红桃是个好得多的机会。再计算一下大牌点，开叫的西家非常可能拿着 ♣K，这个机会就离现实更接近了。

定约人跟下去兑现了 ♣A，并放了一墩给西家的 J。将吃过方块的续攻后，定约人将吃了一墩梅花，愉快地看着 K 出现了。明手的第三张红桃被 ♣Q 踏踏实实地垫掉了。防守方能打得更好一点吗？如果他们做到了，定约人是否还有还手的机会呢？请看第二部分答案吧。

牌例 4 为时未晚

答案——第一部分

打牌过程没什么出奇的。将吃了首攻的梅花，定约人调了三轮将牌，出 ♠9 飞过去。东家用 10 吃进后回出 ♣Q。定约人将吃，又打了一轮将牌，东家垫去一张梅花。此后，一张黑桃出给 A，一张红桃出给 Q。再打 A 和另一张红桃，厄运出现了，东家还有两个红桃赢墩。

红桃 4-2 分布且 ♠10 飞不中的情况下，面对这个首攻，定约有可能打成吗？如果能打成，定约人该如何改进自己的打法呢？请看第二部分答案吧。

牌例5 适时将吃

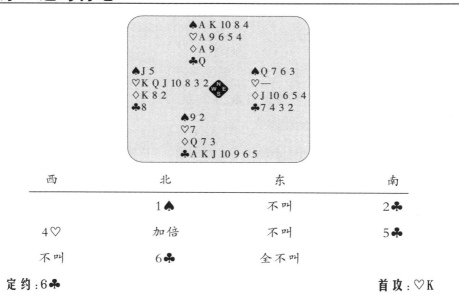

西	北	东	南
	1♠	不叫	2♣
4♡	加倍	不叫	5♣
不叫	6♣	全不叫	

定约：6♣   首攻：♡K

牌例6 完美表演

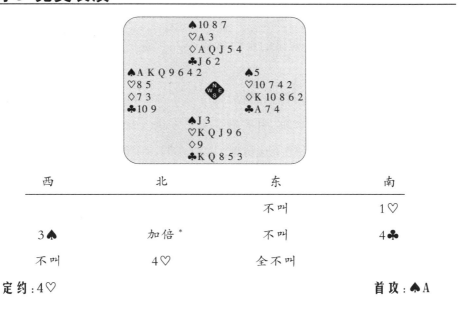

西	北	东	南
		不叫	1♡
3♠	加倍*	不叫	4♣
不叫	4♡	全不叫	

定约：4♡   首攻：♠A

牌例 5 适时将吃

答案——第一部分

牌桌上,定约人让明手扑上 A。东家将吃后换攻◇J,其余各位轮流盖打。定约人调完外面的将牌,需要针对♠QJ的双飞成功,就打出了♠9。满贯宕了三墩:一墩将吃,一墩黑桃和两墩方块。

"你干吗要盖打第一轮红桃呢?"北家问道。"从叫牌来看,你知道这门花色是 7-0 分布的。"

"我想这点了,"南家回答。"我希望◇K 在另一边——空位原理你知道吧——所以我不想让西家保持出牌权。"

忍让第一轮红桃就能打成这个满贯吗?请看后面第二部分答案。

牌例 6 完美表演

答案——第一部分

在一场国际比赛中,两桌的定约都是 4♡;前面的三墩两桌一样,都由西家打了三轮黑桃。

一桌上,东家在第二和第三轮黑桃上垫了◇2 和♣4。定约人将吃后打了三轮将牌。西家第三轮示缺,明手垫了一张方块。空着外面的一张将牌,定约人打出了♣K。当东家忍让了这墩时,定约人调出了外面最后一张将牌并打了张梅花给 J。东家出了 A,定约就此打成了。

防守方能做得更好些吗?如果他们做到了,定约人能靠调整时机来完成定约吗?看我们后面第二部分答案。

牌例7 探查凶兆

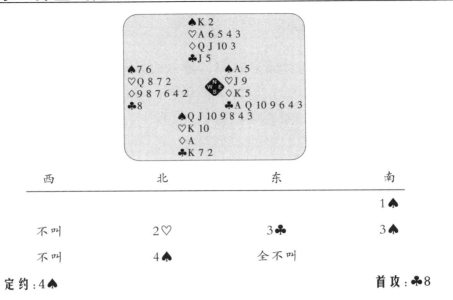

西	北	东	南
			1♠
不叫	2♡	3♣	3♠
不叫	4♠	全不叫	

定约：4♠　　　　　　　　　　　　　　　　首攻：♣8

牌例8 严防死守

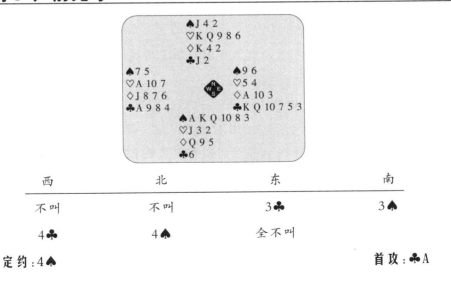

西	北	东	南
不叫	不叫	3♣	3♠
4♣	4♠	全不叫	

定约：4♠　　　　　　　　　　　　　　　　首攻：♣A

牌例7 探查凶兆

答案——第一部分

俱乐部的牌桌上,东家用♣A赢进第一墩就回出Q。南家盖上K,被西家将吃了。转攻的红桃被K吃进,定约人在明手将吃了一墩梅花。然后东家吃进第一轮将牌,怀着微弱的将牌升级的期待,他又打出第四轮梅花。定约人大将吃并宣称定约打成了。

"我可没料到这墩将吃,"南家说。"那张8看起来像是双张。"

北家微笑着:"结果还算不错。"

"我们总算弄到一墩将吃。"东家也很满意。

他们有理由对各自的表现感到欣慰吗?如果答案是否定的,谁应该打得更好呢?请参看第二部分答案。

牌例8 严防死守

答案——第一部分

这副牌发生在2006年凯姆罗斯赛事威尔士与英格兰的比赛中。所有六桌都打同样的牌。

有两桌是由东家主打梅花定约,取得九墩。在打4♠的一桌上,西家兑现了♣A后转攻◇6。明手跟小,东家出10,Q吃进了这一墩。定约人用AK调了两轮将牌后开始打红桃。西家用♡A进手后试着出了张小方块。需要猜测了。

假如东家拿着◇J10,西家拿着◇A,就应该扑上K。但假如西家拿着◇J,东家拿着◇A,可就应该出小了。

作为发牌人,西家的不叫是条线索。很少有牌手拿着三张A会不开叫。限制性选择原理同样指引我们按东家持◇A10而不是◇J10来打。一般来说定约人面对这个猜测都会选对。你认为这就是正确答案了——或者防守方能够做得更好些?请参看第二部分答案。

10

牌例 9 无声防守

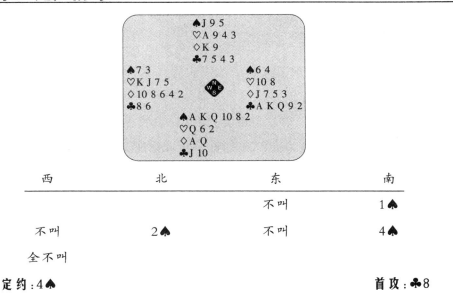

西	北	东	南
		不叫	1♠
不叫	2♠	不叫	4♠
全不叫			

定约：4♠   首攻：♣8

牌例 10 闭门讨论

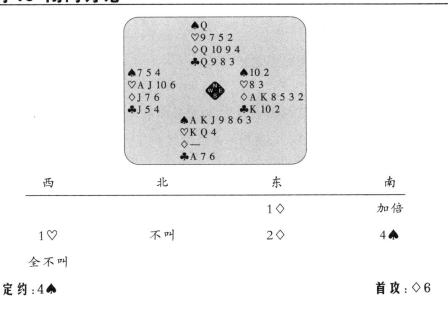

西	北	东	南
		1♦	加倍
1♥	不叫	2♦	4♠
全不叫			

定约：4♠   首攻：♦6

牌例 9 无声防守

答案——第一部分

这是 2010 年大不列颠双人赛中的一副牌。尽管大多数人都打 4♠,结果却很不一样。

有些定约人大将吃了第三轮梅花,调完外面的将牌就按"常规方式"处理红桃——兑现♡A 后对着 Q 出一张红桃。西家兑现了两墩红桃,定约宕一。

一旦东家作为不叫过的发牌人显露出这么好的梅花套,显然西家持有♡K。在前面几墩牌打过后,有些定约人又打了几轮将牌,希望某个拿着♡J10×或者♡K××的人会垫掉一张红桃。然后,他们打张红桃给 A,再放掉一墩红桃,同样被西家取到两墩红桃。

你能为定约人找到一条更有效的作庄路线吗?请看第二部分答案。

牌例 10 闭门讨论

答案——第一部分

在牌桌上,明手放上◇9;东家扑上 K,南家将吃了。然后就是一张将牌出给明手,一张红桃出给 K 和 A。

西家以一张将牌脱手。定约人吃进,调出外面最后的将牌,兑现了♡Q。看不到♡10 或♡J 从东家手里跌出,定约人又打出 A 和另一张梅花。当西家跟小时,定约人让明手放 9。东家吃到了 10 和 K,定约宕了一墩。

"♡A 的位置不对,"南家哀叹道。"♣K 的位置也不利——东家开叫了,♡A 位置不对我就知道这张 K 在他手里——所以我试着打他是双张 K。"

"运气够差的,"北家表示赞同。"我也会这么打的。"

如果你也参加了他们的讨论,你会建议按什么路线打呢?防守人还有什么应对的办法?请看第二部分答案。

牌例 11 间张何在?

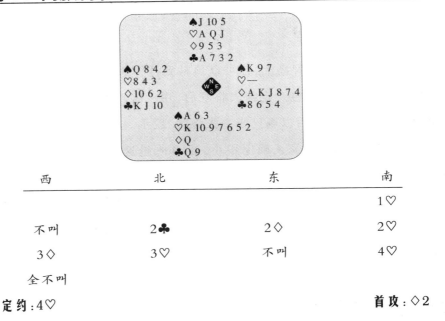

西	北	东	南
			1♡
不叫	2♣	2◇	2♡
3◇	3♡	不叫	4♡
全不叫			

定约:4♡　　　　　　　　　　　　首攻:◇2

牌例 12 上乘表演

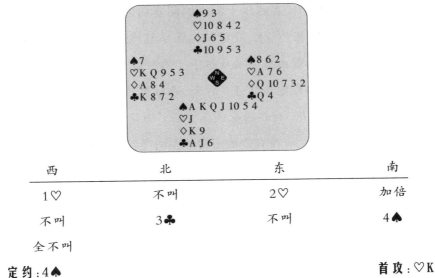

西	北	东	南
1♡	不叫	2♡	加倍
不叫	3♣	不叫	4♠
全不叫			

定约:4♠　　　　　　　　　　　　首攻:♡K

牌例 11 间张何在?

答案——第一部分

在水准有待提高的牌桌上,你可以预料到打牌的进程。东家用◇K赢进第一墩就继续出这门花色。定约人将吃后,用一张将牌渡到明手,打张小梅花给Q。西家用K吃进后以♣J(或一张将牌)脱手。定约人调完外面的将牌,止于明手,打出♠J。东家正确地跟小,让Q吃进这墩牌。当♠A不能击落♠K时,这个定约就失败了。

当然了,东家有可能拿着♣K或者双张黑桃。但你能看出这种实际分布的线索吗?你能找到一个相对应的打法吗?防守方有什么与之抗衡的办法吗?请参看第二部分答案。

牌例 12 上乘表演

答案——第一部分

这个牌例出自有志于代表威尔士出征国际赛场的牌手们的训练赛。大家都打的是4♠定约。首攻都是♡K,并继续出张小红桃给8和A。普遍采用的打法是将吃第二轮红桃,兑现♠A,用♠9过手。然后就是一张梅花出给J。

有些桌上,西家用♣K吃进了J。后来,♣Q被A击落,定约人就有了十墩牌:七墩黑桃和三墩梅花。有些西家认真考虑了梅花中的忍让打法。这个忍让能打败定约吗?如果不能,有没有击败定约的办法呢?请参看第二部分答案。

牌例 1 超级黑桃号码

答案——第二部分

3NT 是可以打成的。你需要集中精力打出四个黑桃赢墩来,即便这门花色是 4–1 分布。

叫牌显示得很清楚,如果有谁拿着四张黑桃,那一定是西家。尽管有单张 K 的可能性,单张 8、9 或者 10 的可能性要大三倍。

赢进了方块后,你要出♠Q。西家只能盖打,不然 Q 就要吃到这墩牌,并可以再打一张小黑桃给 J。你用♠A 吃进 K,注意到从东家掉出的 8。用♡Q 回手,再出一张小黑桃。如果西家跟小,你就用 6 飞,假如东家能吃进这墩牌,这门花色就是平均分布了。事实上,西家会跟出 9 或者 10。你赢进这墩后回出 6。如果西家忍让,你仍然有个红桃进张可以顶出黑桃止张,并且有个方块进张可以过桥去享用第五墩黑桃。

牌例 2 传递信息

答案——第二部分

西家要兑现四个黑桃快速赢墩是唯一正确的防守方向。但期望东家持有♠AJ9× 就过于乐观了。

把♠K 保留为进张,西家应该换攻♠10;这一墩被 Q 和 A 盖打后,东家可以回出一张小黑桃。这时西家可以赢进后再打这门花色的第三轮,让东家用♠J 和♠7 在明手的♠8 后面再吃进两墩牌。

但是,这个打法还有一道障碍。如果西家抓进第一轮梅花就出♠10,东家也许会得到错误的信息。假如南家手里只有♡Q×了,他就应该回攻红桃。的确,拿着 AJ 领头的五张红桃和♣A,许多牌手都要争叫 1♡的,这一点东家也许应该推断出来。无论如何,这是个不能冒的风险。西家应该在第一轮梅花上跟 8,这是个花色选择信号,或许应该再忍让一轮梅花。此刻我们就有把握东家能认出原本"明显"的正确打法,扑上♠A 后回出红桃是错误的。

牌例 3 排除东家

答案——第二部分

双方的打法都有一些可取之处，但在梅花套的处理上还欠细腻。要打成这个局，你的确需要在这门花色里建立第二个赢墩，同时要防止东家进手。

当第一墩梅花是从明手出 A 时，东家应该把 10 作为标示连张的信号打掉，这样，西家就能把 J 解封。这样，在第二轮东家就可以扑上 8 或者 9，让庄家只剩下失败的选择了。如果你放小，对你不利的防守人还保持着出牌权。如果你盖打，就没法建立第四轮的赢张。

为剥夺防守方取胜的打法，你需要从暗手开始出梅花。最好的打法是在暗手赢进第一轮将牌，动手处理梅花。如果 J 出现了，你放它吃一墩。如果 J 不出现，用 A 吃进，第二轮梅花双手放小。

牌例 4 为时未晚

答案——第二部分

黑桃的结构是个诱人的假象。假如西家持有 K10× 或者 Q10×，在第一轮就会扑上一张大的，把定约人在这门花色里的赢墩限制为一个。方块的局定约可以打成，但不能靠黑桃套。

要避免第四轮的红桃输张，你应当着眼于在明手将吃。由于明手只有两张将牌，你就想准确地只调一轮将牌。这可以保留一张将牌在明手，同时降低了西家将吃的风险。

如果你自己打一轮将牌，东家在吃进第三轮红桃时可以调第二轮将牌，这可不是什么好事。正确地掌握时机就要放掉第二轮红桃。不管他们回出什么，你总能飞♡Q（♠A 可作为进张），调一轮将牌后再处理红桃。倘若如我们所愿，西家已经没有将牌了，你的♡A 吃得到；就可以在明手将吃第四轮红桃了。

牌例 5 适时将吃

答案——第二部分

假设♡K吃到了第一墩。如果西家转攻一张将牌,定约人就调光将牌后打黑桃,兑现AK。当J在第二轮掉下来,10和8就成为针对Q做将吃飞牌的等张了。明手的◇A是通往黑桃赢张的桥。满贯就此打成。

第二墩,西家或许可以转攻一张方块,袭击通往长黑桃的桥。此时定约人面对一个简单的选择——让这张方块出过来,希望它是从K下面打出的——或者扑上A,并希望黑桃套能够打好。除非东家在第一墩做出极具欺骗性的垫牌,按照西家有一张牌(◇K)而不是两张牌(♠QJ)来打是更有道理的。同样,满贯也打成了。

要想打宕这个满贯,东家需要在第一墩就将吃,无论明手是否出A。马上转攻◇J就是杀招。

牌例 6 完美表演

答案——第二部分

在第二桌上,东家是来自英格兰萨利的鲍勃·罗兰德斯。他在第二和第三轮黑桃上垫掉两张小方块。定约人将吃第三轮后试打将牌,连出了三轮。当西家示缺后,定约人开始出梅花,希望♣A是双张。罗兰德斯把他的A保留到了第三轮。

罗兰德斯现在还剩下四张牌,♡10和◇K108。用将牌脱手就会把出牌权交给南家,小方块也一样。罗兰德斯正确地打出了◇10。这使得定约人只有九墩牌了——两墩方块,五墩红桃和两墩梅花。

假如定约人早点处理梅花就能打成定约吗?不行——东家可以用A吃进第二轮再给西家一个将吃。打梅花之前调光所有的将牌也不行。这样打东家的日子就更好过了,因为明手在第四轮将牌上需要垫掉第二张方块。

牌例 7 探查凶兆

答案——第二部分

攻防双方都有需要改进的地方。将吃♣K之后,西家应该转攻一张将牌。东家马上吃进 A 并再出一轮将牌,让定约人留下一个输张没法处理。由于明手只有一个进张,定约人就没法在方块中采用将吃飞牌后再进入明手。西家应该看得到,♣Q 不是要红桃的花色选择信号,而是要钉死暗手的 K,同时表明持有♣10。

那么,定约人怎样才能打得更好呢?他不应该冒着 7-1 分布的风险盖打♣Q,要放小。如果此刻东家打出 A 和另一张黑桃,西家就没有将牌了。如果东家出一张别的牌, 定约人就有许多方式避免梅花遭到将吃——最简单的办法就是用♠K 将吃♣K。

牌例 8 严防死守

答案——第二部分

威尔士的帕特里克·希尔兹(西家)和保尔·丹宁(东家)找到了击败这个黑桃局定约的办法。

希尔兹知道第二轮梅花是吃不到的,并且同伴也根本不可能既拿着一个将牌赢墩又拿着◇Q。所以,换攻◇J 而不是◇6 就不会造成什么损失。

大卫·普莱斯(南家)停下来思考了。假如西家有◇J10,而东家有◇A,盖打这张牌就是败招。如果西家拿着◇AJ10,盖打也是错误的(东家可能拿着♡A)。当普莱斯让明手出小方块时,丹宁也跟小,放 Q 吃到这墩牌。希尔兹用♡A 进手时,继续出方块,让同伴兑现了两墩方块,击败了定约。

牌例 9 无声防守

答案——第二部分

2-2 的将牌分布是个好消息,因为这使得消去打法有可能实现了。将吃第三轮梅花后试打将牌,正确的打法是用 ◇K 渡到明手,将吃第四轮梅花。打成这样的残局时,出牌权在南家:

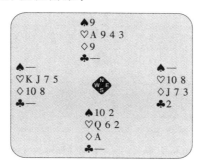

此时,一个选择就是兑现了方块,打张红桃给 A,再回出一张红桃给 Q。如果输给西家的双张 K,随之而来的将吃垫牌就处理掉了你第二个红桃输张。如果东家在第二轮上出 J(在此例中是不会发生的),你就有了忍让,投入东家的选择。

由于西家已经显露了四张黑牌而东家显露了七张,西家更可能持有四张红桃。要防备的是东家拿着♡10×或♡J×。你要出 Q,逼迫西家盖打,用明手的 A 吃进。如果东家解封(或者持♡J10 双张),你就用方块回手对着 9 出张红桃。如果东家没有跟大牌,你就在第二轮红桃双手放小,等待下一墩的将吃垫牌。

是的,出 Q 在西家持有♡KJ10 时是个败招。谁也不能立于不败之地。

牌例 10 闭门讨论

答案——第二部分

前面的那个打法已经跟最好的打法相去不远了。打过六墩牌之后，残局是这样的：

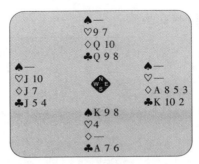

第一墩的打法标明西家是从 ◇J××中攻牌的。这意味着在两门高花里都是双张的东家，不会在梅花里再持有双张了。定约人应该出一张梅花，盖打西家跟出的牌。东家赢进后出 ◇A。定约人要在这墩牌上垫一张红桃。东家将不得不送你一个梅花的自由飞，或者送一墩给 ◇Q。

那么，定约就是肯定能打成了？不是，西家可以靠放掉第一轮红桃来抢先破坏这个残局。如果定约人此后放掉一轮红桃，西家就在这门花色中取两墩，并以第四轮来脱手。东家紧抓着三张梅花和 ◇A 不放。如果定约人还要试前面那个投入打法，东家可以简单地以 ◇A 脱手。如果定约人不放出一墩红桃，东家用 ♣K 进手后就有一张红桃可以出。无论如何，定约是打不成的。

牌例 11 间张何在？

答案——第二部分

你断定东家拿着 ◇AKJ 或者 ◇AK10。西家的大牌在哪里呢？如果都在黑桃中，东家就该换出这门花色的。无论如何，西家更可能拿着 ♣K 和一张黑桃大牌而不是 ♠KQ。一旦你认定了 ♣K 在 ♣Q 的后面，就该设计一个投入打法。你不能靠出 ♠J 飞牌来脱手。西家可以赢进这墩并回出这门花色。你必须建立一个间张。

你将吃第二轮方块，用一张将牌渡到明手并将吃最后一张方块。此时你从手里出一张黑桃；为避免送你一墩，西家只能放小；东家用 K 吃到后回出这门花色。你扑上 A 之后连打将牌，形成这样的残局：

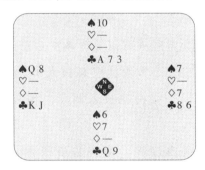

为保留 ♣K 的护张，西家只能扔掉一张黑桃。明手垫去一张梅花后，你用一张黑桃脱手就吃到了最后两墩梅花。

假如东家用黑桃进手后回出一张梅花，也不能破坏这个剥光紧逼。你可以从手里跟小，把 Q 保留为脱手张。残局非常相似，唯一的区别就是你的分离式间张在黑桃中（A×对着 10×）。只要你读清楚西家剩下了什么牌，定约就能打成。

真正能够让定约毁灭的，是东家在第二墩就转攻一张梅花。那是无懈可击的防守。

牌例 12 上乘表演

答案——第二部分

如果 J 能赢到第一轮梅花,定约人应该放弃这门花色而连打将牌。西家需要垫四张牌。一张方块,一张红桃和一张梅花是无痛苦垫牌。明手的垫牌是无关紧要的。定约人打出最后一张黑桃时,残局是这样的:

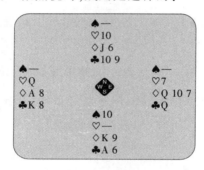

如果西家垫一张梅花,定约人可以兑现 ♣A 并获得第二墩梅花。如果西家垫去 ◇A 的护张,定约人出张小方块就把 K 打大了。最后,假如西家垫掉♡Q,定约人可以兑现♣A 并以一张梅花投入西家。他要被迫回出方块,建立南家的K。

读清这个残局有多大难度呢?叫牌告诉了你,红桃是 5-3 分布的(即便是打四张高花开叫的人,拿 1-4-4-4 牌型也通常会开叫 1◇ 的)。将牌的分布在西家第二轮示缺时就证实了。梅花的分布也是很清楚的——西家如果拿着 KQ 或者仅有三张梅花是不可能忍让的。这就表明了他的牌型是:1-5-3-4,而他同伴是 3-3-5-2。一旦东家显露了♡A 和梅花的大牌,西家就一定拿着 ◇A。

这副牌就这样了吗?不是——东家可以在第一轮梅花扑上大牌,逼出 A 而打败定约。西家可以在残局中留下光秃秃的 ◇A,保留三门花色里的赢张。

第二章

蒂凡尼的早餐

第二章　小结

——— · · ——— · · ——— · · ——— · · ——— · · ——— · · ———

——— · · ——— · · ——— · · ——— · · ——— · · ——— · · ———

牌例 13 预防规避

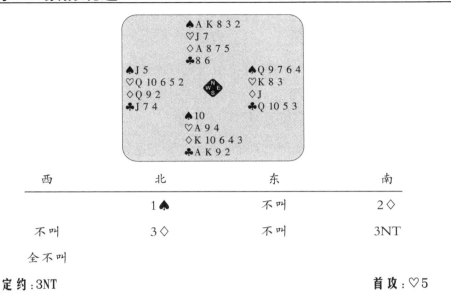

西	北	东	南
	1♠	不叫	2◇
不叫	3◇	不叫	3NT
全不叫			

定约：3NT　　　　　　　　　　　　　　　　首攻：♡5

牌例 14 脆弱的钻石

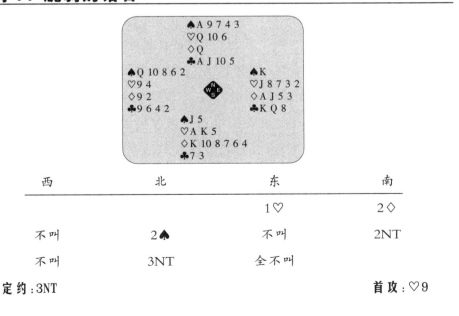

西	北	东	南
		1♡	2◇
不叫	2♠	不叫	2NT
不叫	3NT	全不叫	

定约：3NT　　　　　　　　　　　　　　　　首攻：♡9

牌例 13 预防规避

答案——第一部分

红桃中可能的打法就是明手扑上 J(西家可能是从 KQ 下面攻出的),这墩牌丢给了 K,定约人要缓拿。东家回出♡8,定约人再次跟小。西家用 10 赢进后继续出第三轮,建立了这门花色的赢张。

明显的赢墩来源在方块中。标准的打法是先兑现 A,如果西家跌出了 Q 或 J,就有了第二轮飞 10 的选择。事实上,从我们不希望的方向跌出了 J。西家用第三轮方块进手,兑现了两墩长红桃,击败了定约。

你能打得比上面这个路线更好吗?如果能,防守方有什么对策吗?请看第二部分答案。

牌例 14 脆弱的钻石

答案——第一部分

在俱乐部里,定约人在明手赢进了首攻的红桃就出◇Q。东家用 A 吃进后继续攻红桃。定约人被迫拿到这墩后打出了◇K。9 跌出后,10 与 8 变成了等张。定约人逼出◇J,取到了九墩牌:四墩方块,三墩红桃和两墩黑 A。

东家吃进第一轮方块显然是个错误。南家做过方块争叫,肯定是在树立这个套。假如东家◇A 缓拿的话,有办法打成这个定约吗?请看第二部分答案。

牌例 15 寸土不让

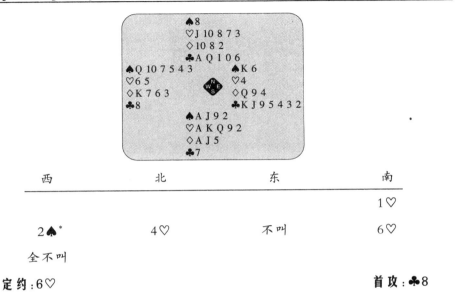

西	北	东	南
			1♡
2♠*	4♡	不叫	6♡
全不叫			

定约:6♡   首攻:♣8

牌例 16 危机重重

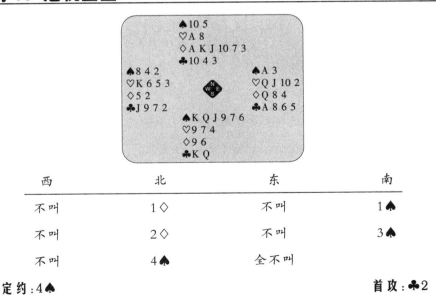

西	北	东	南
不叫	1♢	不叫	1♠
不叫	2♢	不叫	3♠
不叫	4♠	全不叫	

定约:4♠   首攻:♣2

牌例 15 寸土不让

答案——第一部分

牌桌上，定约人扑上♣A，大将吃了一墩梅花后调了两轮将牌。然后是♠A，一墩黑桃将吃，从明手拉了张小方块。东家跟小，J输给了K。西家以一张方块脱手，定约人试了明手的8。东家盖上9，定约无望了。

南家很是沮丧："我就需要◇9长对了位置。♠K一掉出来我就知道西家会回出一张方块。如果他回出一张黑桃，我就能吃到我的♠J，垫掉明手一张方块。"

北家点了点头："梅花的分布也对咱们不利。"

这位牌手是否错过了某条更好的打牌路线？如果定约人找到了这条路线，防守方还能击败定约吗？请看第二部分答案。

牌例 16 危机重重

答案——第一部分

牌桌上的东家用♣A吃进首攻后，认定梅花里没有前途，就换攻♡Q。定约人放过这墩牌，但被迫用明手的♡A吃进第二轮红桃。一张梅花回手，明手将吃了一轮红桃，防守方只剩下♠A一墩可以拿了。

"我要是不出第二轮红桃，马上调将牌有用吗？"东家问。"我可以打A和另一张将牌，调完桌上的将，不让他将吃。"

南家稍稍思考一下，说："我可不怕你调将牌。我可以顺势调第三轮将牌，然后打出◇AK。将吃第三轮方块这个套就树立好了，♡A是通往长方块的桥。"

防守方能改变他们的命运吗，或者定约人永远占上风？请看第二部分答案。

牌例 17 机不可失

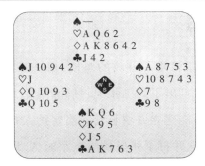

西	北	东	南
	1♢	不叫	2♣
不叫	2♡	不叫	2NT
不叫	3♣	不叫	3♡
不叫	4♢ *	不叫	6♣
全不叫			

定约:6♣   首攻:♠J

牌例 18 阻塞的梅花

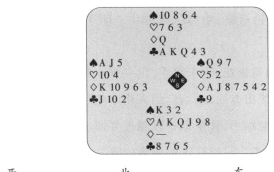

西	北	东	南
		3♢	3♡
5♢	5♡	全不叫	

定约:5♡   首攻:♢10

牌例 17 机不可失

答案——第一部分

牌桌上，定约人在明手将吃了首攻的黑桃，用一张将牌回手，又将吃了一轮黑桃，并用♡K回手。此后打出了第二张大将牌和两轮大方块。东家示缺后，情况急转直下了。一次将吃不能建立方块长套。当定约人打出一张红桃试图再次渡到明手时，西家用♣Q将吃并打了张黑桃给东家的A。即便西家直到第三轮才能将吃红桃，这个定约依然打不成。

笼统地说，如果两门低花均为3-2分布，只要东家有三张方块或者三张梅花这条作庄路线都能成功。防守方来不及进手兑现黑桃赢墩。有没有能够应对更恶劣分布的打法呢？请看第二部分答案。

牌例 18 阻塞的梅花

答案——第一部分

将吃方块后调将牌是个自然的打法，两轮就调光了外面的将牌。接着就是几轮大梅花，东家在第二轮示缺，垫掉一张方块。明手的小梅花使得连取五墩梅花有了麻烦。

我们假设定约人打四轮梅花，止于暗手，出一张小黑桃。防守人都没有圆头花色的牌了，而且他们不能出方块，送给定约人将吃垫牌。他们只能赢进后回出黑桃。此例中，西家简单地跟小，让东家得以赢进并回出这门花色。

只兑现三轮梅花好一些。同样有效地消除防守方的脱手张，且出牌权落在明手。此时有了几个选择。出♠4，如果东家跟♠5就放小是其中之一。出♠8看起来更好。防守人能够对抗这种打法吗？请看第二部分答案。

牌例 19 创造与毁灭

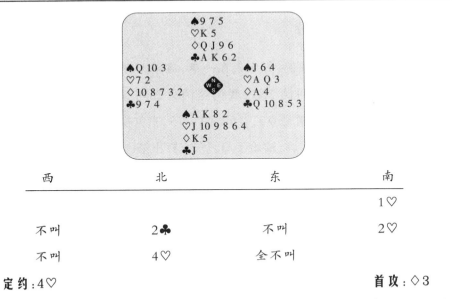

西	北	东	南
			1♡
不叫	2♣	不叫	2♡
不叫	4♡	全不叫	

定约：4♡   首攻：◇3

牌例 20 化敌为友

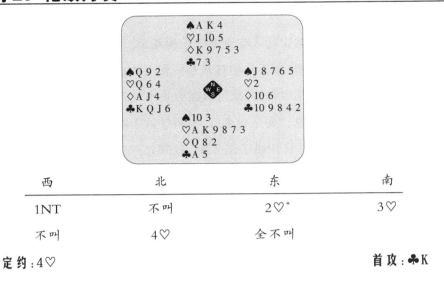

西	北	东	南
1NT	不叫	2♡*	3♡
不叫	4♡	全不叫	

定约：4♡   首攻：♣K

牌例 19 创造与毁灭

答案——第一部分

这是一副练习赛的牌例,青年人在一桌,成年人在另一桌。尽管有些叫牌途径可以把南–北的牌叫到 3NT,我们这两桌都叫到了红桃局定约。

在青年人这桌,第一墩是◇3,◇6,◇A,◇5。东家换攻一张黑桃,被 A 吃进。定约人先兑现◇K,又打将牌,输给了 Q。东家打出第二轮黑桃,K 吃进了。定约人兑现两轮梅花,垫掉一张黑桃,然后试着兑现第三轮方块。东家小将吃。虽然可以超将吃,但没有办法进入明手兑现剩下的方块。定约宕了一墩。

在另外年龄和智慧都占优势的一桌会打成什么样呢?定约人找得到更有效果的路线了吗?防守方有招数对抗定约人吗?请看第二部分答案。

牌例 20 化敌为友

答案——第一部分

在一次比赛中,一桌的定约人吃进第一轮梅花,兑现了两轮大将牌。东家在第二轮示缺,让人有些失望。跟下来的打法是一张方块出给 K,又放掉一轮方块。更大的失望到来了,A 不是双张,西家可以在方块中兑现两个赢墩。

"太不走运了,"北家说,"要是我来打,也得按这条路线。"

南家发出了苦笑:"人家开叫了强无将,我知道飞东家的♡Q 是不可取的。同样,我也知道谁拿着◇A。我有一大堆信息,可都没什么用啊!"

北家微笑着说:"红桃的位置不利,我们要是叫 3NT 也打不成。我认为这是一副平牌。"

你同意他的判断吗?请参看第二部分答案。

牌例 21 简单推断

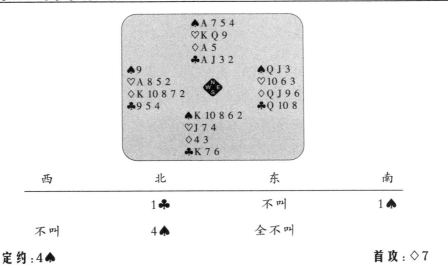

西	北	东	南
	1♣	不叫	1♠
不叫	4♠	全不叫	

定约:4♠　　　　　　　　　　　　　　　　　　首攻:◇7

牌例 22 尽早消除

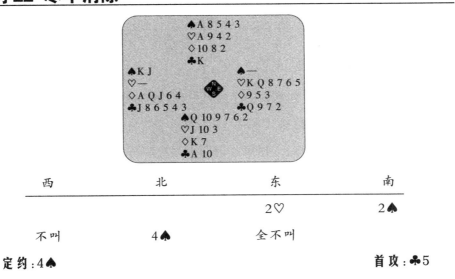

西	北	东	南
		2♡	2♠
不叫	4♠	全不叫	

定约:4♠　　　　　　　　　　　　　　　　　　首攻:♣5

33

牌例 21 简单推断

答案——第一部分

在牌桌上,定约人让明手出◇A。东家用9来表示鼓励。此后打出的是♠A,一张黑桃给K,再打出一张红桃。西家赢进第二轮红桃,想起了东家第一墩打出的◇9,出了一张小方块。东家赢进,兑现了♠Q后以一张红桃脱手。定约人后来还要飞梅花。给了防守方第三个赢墩。

"不是我打牌的日子,"南家说:"将牌是3-1分布,梅花还飞不中。"

"我们也防的不错,"东家说:"如果我同伴打出◇K而不是那张小方块,你就能用一张将牌投入我,迫使我出梅花。"

还有更好的作庄路线吗?如果有,防守方还有应对的办法吗?请看第二部分答案。

牌例 22 尽早消除

答案——第一部分

很可能出现的打牌过程是♣K吃进第一墩,♠A赢进第二墩,♠K赢进第三墩。然后西家以一张梅花出给A脱手,明手垫去一张方块。定约人用一张将牌渡到明手,打张方块给手里的K。西家吃进两墩方块后再用一张低花牌脱手。虽然送出一个将吃飞牌,但东家仍然可以拿到一墩红桃,定约宕一。

尽管定约人可以更早地处理方块,但这也于事无补。西家可以吃到两墩方块,再等待一墩将牌。东家后来总可以拿到一墩红桃。在处理方块之前先打红桃也没用。东家总可以用方块脱手。

既然♡KQ和◇A的位置都不利,将牌还是2-0分布,你接受定约没法打成这个说法吗?请看第二部分答案。

牌例 23 失败的飞牌

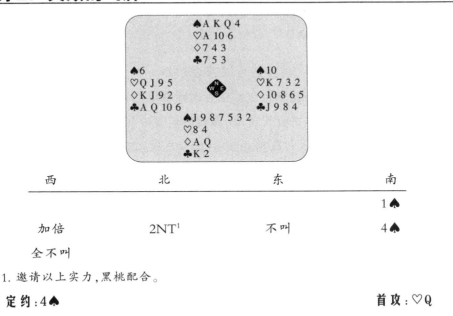

西	北	东	南
			1♠
加倍	2NT[1]	不叫	4♠
全不叫			

1. 邀请以上实力,黑桃配合。

定约:4♠   首攻:♡Q

牌例 24 公平交易

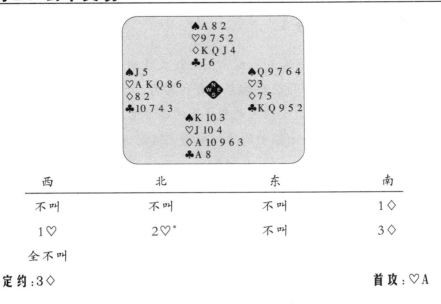

西	北	东	南
不叫	不叫	不叫	1◇
1♡	2♡*	不叫	3◇
全不叫			

定约:3◇   首攻:♡A

牌例 23 失败的飞牌

答案——第一部分

这是 2011 年 IBM 杯(在英格兰汉普舍尔举办的多个俱乐部的比赛分制赛事)出现的一副牌,这个比赛也是威尔士国际赛事选拔赛的热身赛。

常见的打牌路线是赢进红桃首攻,调将牌后飞 ◇Q。西家吃进后再出红桃。用张将牌渡到明手,定约人打张梅花给 K,但又在这门花色遭受打击。

有些牌手试图在方块飞牌之前消除红桃。但是西家可以在赢进方块后安全地以方块脱手。还有几位定约人消除红桃后,飞方块之前试试梅花。但西家还是能在吃到两墩梅花后安全地打出第三轮梅花。

一旦首攻标明了♡K 在东家手里,叫牌就表示其他所有大牌都在西家了。低花中的飞牌注定是没指望了。掌握了这条信息,你能找到通往胜利之路吗?请看第二部分答案。

牌例 24 公平交易

答案——第一部分

一般的打牌过程是西家先兑现顶头三张大红桃。东家大概要从两门黑牌中各垫一张,同时表示自己在梅花中有些实力。西家继续出第四轮红桃,让东家将吃。超将吃后,定约人调光外面的将牌然后以 A 和另一张梅花脱手。为避免将吃垫牌,东家需要以黑桃脱手。这是这门花色的形势:

♠A 8 2

♠J 5　　♠Q 9 7 6 4

♠K 10 3

出张小黑桃,定约人可以从手里跟小,用 A 吃进 J,再飞 ♠10。假如东家出♠Q,就需要定约人大费脑筋了,但定约人还是可以打成定约。到底会发生什么呢?请看第二部分答案。

牌例 13 预防规避

答案——第二部分

尽管西家有可能是从短红桃中做的首攻,寄希望于东家持长红桃(南-北叫了其他两套牌),但从已跟出的红桃来看,定约人可以确认西家持有长红桃。因此,没有必要针对东家来飞方块。丢一墩方块你不必在乎,只要对方别把红桃长套兑现了就行。

你应该从暗手打出一张小方块。如果西家跟 2,就让明手出小,知道只有东家可以赢进这墩牌,而这是安全的。这一招百试百灵吗?

西家应当明白你的企图,并放上 9 来防备这个规避打法。你很难面对这张9 放小,因为它可能是从 J9,Q9 甚至单张 9 中打出来的。迈克尔·罗森博格有条训诫:"除非不得已,总要把 9 跟出来。"此例是个验证吧。

牌例 14 脆弱的钻石

答案——第二部分

假设◇Q 吃到了。定约人还需要顶掉两个止张(A 和 J),但他只有两个进张。他不可能建立这个套之后还能享受长套。建立黑桃也是不可取的。即便这门花色是 3-3 分布,定约人会打出太多的失墩,且没有足够的赢墩。

要想建立一个额外通往暗手的进张,你需要用◇K 超吃◇Q。叫牌已说明 A在东家。你该怎样继续打呢?

如果方块是 3-3 分布,怎么出都有两个输墩。如果东家原本持有◇AJ9×,你在建立这门长套的过程中没法避免丢三墩牌。同样,如果西家持◇J×或者东家持◇A×,你也要损失三墩牌。关键是我们要对付此例中实际的结构。当西家原本持有◇9×时,你可以打出 10 来,把 9 钉死,并让你得以完成定约。

牌例 15 寸土不让

答案——第二部分

从明手出黑桃是可能打成十二墩的方法。如果你把♠8飞给10,下一轮出A,击落K。剩下的J9形成对Q的等张。在第三轮黑桃上你出J,准备飞过去。假如西家盖打了J,9就打大了, 以后可以垫去明手一张方块;如果西家不盖打,就直接垫去一张方块。无论如何,你要在明手将吃方块作为第十二墩牌。

东家有对抗这个打法的办法。用♠K盖打♠8就能破坏这个建立将吃飞牌的复式飞牌。这的确是个古怪的牌例。定约人可以调光外面的将牌,止于明手,从明手拉起任何一张副牌——♢10,♢8,♣10,♣Q或者♠8——无论哪张,东家必须盖打。这可真是个寸土不让的防守。

牌例 16 危机重重

答案——第二部分

让我们假设东家没有转攻♡Q,打出♠A和另一张黑桃。没什么区别,定约人可以建立起方块,并用♡A过桥享用方块。

定约人不能立即在明手将吃红桃,作为防守人,你能找到个巧妙利用这一点的打法吗?

东家用不着打出A和另一张将牌。从A下面先出张小将牌,同样可以防止将吃。它同样还消除了方块套被建立起来的第二重危险。

如果定约人放掉一轮红桃,哪个防守人赢进都能调一张将牌。这样,既调光了明手的将牌,东家还可以出红桃,敲断通往长方块的桥。此后,定约人就没有将吃建立长方块的手段了。当飞牌失败时,定约也随之烟消云散。定约人自己打第二轮将牌,先不动红桃也于事无补。东家同样可以在吃到♠A后出红桃,消灭将吃建立方块的选择。

牌例 17 机不可失

答案——第二部分

我没有提及红桃 3-3 分布的可能性。因为如果红桃的分布这么友好，你连方块套都可能建立了。

要打成这个满贯，需要另一路处理方式。不要试图在失去出牌权前处理掉所有黑桃，而要在防守人不能毁灭你的时候送掉出牌权。换言之，要在明手还有将牌的时候送掉出牌权。

在明手将吃过黑桃后，即便某个防守人拿着双张 Q 你也无法避免丢一墩将牌。这是个不可错过的时机。第二墩时就把将牌输墩送掉。假设人家回出一张将牌。你吃进，调光外面的将牌就建立方块套。将吃第三轮，用一张红桃渡到明手再将吃第四轮方块。你还有一个通往明手的进张可供兑现长方块。假如，第三墩防守人回出的是一张红桃，要在暗手赢进，调光将牌并按前面的方式建立方块。

请注意，吃到了将牌后，西家不出单张♡J 是非常正确的。这样防守会让定约人应付自如。直接的打法就是，暗手赢进，兑现两轮将牌，然后建立方块就能完成定约了。

牌例 18 阻塞的梅花

答案——第二部分

调光外面的将牌并兑现三轮梅花后出♠8可以在几种分布中获得成功。如果西家有♠9,东家基本无计可施了——从♠Q××或者♠J××的结构中盖打,你就也盖打,并让♠10吃到第三轮。如果东家持有♠Q9或者♠J9双张,出♠8也能奏效——东家将在赢进第二墩后,不得不送你一个将吃垫牌。在此例的实际分布中,黑桃是3-3分布,♠9处于对定约人不利的位置,东家只要盖打就能击败定约。出♠10也没用。同样,东家可以盖打以保证防守方得以在这门花色中兑现到三个赢墩。

我们看到了,即便吃不到五墩梅花也有机会。如果你能吃到一墩黑桃,或者得到一个将吃垫牌,四墩梅花就足够了。这标示着我们要以一种不同的方式对付阻塞的梅花套。将吃了方块,调完外面的将牌后,你打两轮梅花,形成这样的残局:

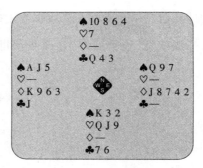

你用个漂亮的先予后取的招数送掉一墩梅花。你仍然能够吃到四墩梅花——这门花色的第一、二、四和第五墩。区别就在于把西家结结实实地投入了。无论他回出什么,你只会损失一墩黑桃和一墩梅花。

牌例 19 创造与毁灭

答案——第二部分

东家扑上 ◇A 是正确的。缓拿就给了定约人机会,用第二轮梅花垫掉一张方块。这样,防守方可以得到一墩黑桃和两墩将牌,但一墩方块也拿不到了。

另一桌东家也扑上了 ◇A。区别在于这位成年的定约人把 ◇K 解封了。这样,就在方块中建立了与梅花相同的通往明手的道路。假如东家和第一桌似的转攻黑桃,定约是能够完成的。

定约人可以吃进黑桃,按照西家首攻了有长度的花色,在第三墩牌上飞 ◇9——◇3 这么小的牌,极不可能是从一门破套的第二大牌。东家能够将吃第三轮方块也无关紧要。定约人可以超将吃,并且轻松地在第二轮梅花和第四轮方块各垫去一张黑桃。

这意味着定约已经打成了吗?还没有——推断出定约人缺少通往明手的桥,东家在第二墩时找到了致命的换攻。你看出来了吗?唯一能攻击到明手进张的花色就是梅花。要紧的是,由于南家的单张梅花恰巧是 J,只有打出 ♣Q 才能成功。此后的防守中,东家可以出一张方块,彻底剪断定约人与明手之间的联络。这是真正唯一击败定约的防守。

牌例 20 化敌为友

答案——第二部分

假如我告诉你,另一桌上坐着的是托尼·福莱斯特,英格兰普遍公认的最好的牌手,相信你就有足够的理由不同意桌上几位的意见了。福莱斯特赢进了第一墩梅花后只兑现了一张大红桃。然后他就打张黑桃给 A,兑现了 ♠K 并将吃了一墩黑桃。打成了下面这个局势:

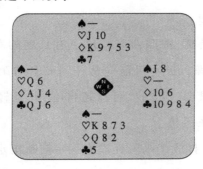

福莱斯特现在以一张梅花脱手了。

显然,无论哪个防守人赢进这墩牌都无法回出一张黑牌。定约人和明手都没有黑牌了,回出黑牌会送他一个将吃垫牌。福莱斯特同样胜券在握的是对方回出将牌——如果西家回将牌,这是出向了间张——如果东家回将牌,他肯定 Q 会被击落。

事实上,东家赢进了梅花并换攻 ◇10。福莱斯特盖上了 Q,西家打出了 A。在下一轮方块时,福莱斯特飞 ◇9 打成了定约。

如果西家有 ◇AJ10,这个投入打法就失败了。但在这种情况下,福莱斯特也不会输给第一位庄家。要冒的风险是东家持单张方块和双张红桃,能够得到一个将吃。但这个风险是值得一试的。

牌例 21 简单推断

答案——第二部分

在第一墩,定约人应该让明手出张小方块。假设东家用 J 吃进,并回出这门花色。跟下来就打两轮将牌和两轮红桃,打成这样的局势:

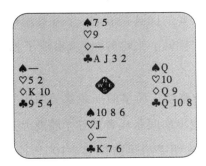

西家,用♡A 进手后,换攻了一张梅花。摈弃了这个自由飞,定约人在暗手赢进,兑现了♡J 后就以一张将牌脱手。东家这时没有安全的脱手张了——梅花要出向间张——一张红牌就是将吃垫牌。

定约人并不是唯一需要在第一墩时就开动脑筋的。如果♢7 是长套中的第四张,用十一减去七就意味着东家要寻找四张更大的方块。所有这四张都是看得到的——♢A,♢Q,♢J 和♢9。这表明♢7 足以吃到这一墩。东家可以在第一墩上跟小。西家据此推断出东家急于要求他出什么花色击穿明手,这一定是梅花。用♡A 进手后西家第二次出梅花,破坏定约人的投入打法并击宕定约。

牌例 22 尽早消除

答案——第二部分

尽管分布非常恶劣,有条路线可以帮助你打成定约。你需要投入对手,不是一次,而是两次。

关键是梅花的打法。要消除这门花色,你需要用♣A 超吃♣K 并将吃一墩梅花。这样,当你打出 A 和另一张将牌时,就形成了投入。让我们假设西家用♢A 和另一张方块脱手。

此刻你有两条打成的路线。简单的一条就是用张将牌渡到明手,将吃一张方块后出♡J 飞:东家只能出向间张或者给你个将吃垫牌。由于东家没有比♢10更大的方块,你用♡A 渡到明手后也能拉起♢10,垫掉一张红桃:西家不得不给你一个将吃垫牌。

现在假设西家用♠K 进手后试出第三轮梅花。你在明手将吃,垫掉暗手的一张方块。用方块脱手后将吃回出的方块,达到下面的残局:

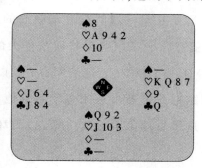

此时出♡J 飞是没用的。东家仍然能安全地以方块脱手。你需要用红桃过手,并利用输张垫输张,在方块上扔掉一张红桃。西家赢进后要打出一张牌。你在明手将吃并第二次垫红桃。你原本手里有两个红桃输张,却在这门花色里一墩都没丢。

牌例 23 失败的飞牌

答案——第二部分

你希望想出个投入西家的办法。困难在于要找个安全的脱手。两门低花全是三张面对双张,简单的办法是没法奏效的。你需要用个剥光紧逼除去西家的脱手张。

你先放掉首攻的红桃——东家不能超吃这墩牌。赢进第二轮红桃,调光外面的将牌,将吃一墩红桃后连打将牌。打成这样的残局:

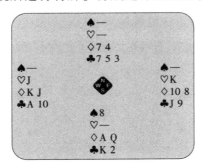

在最后一张将牌上,西家可以选择他的垫牌,但如果你读清了局势,他垫什么都是失败的:

1. 垫张红桃,你就可以用◇A 和另一张方块脱手(如果西家早先没有扔掉
   ♣Q,用一张梅花也能脱手)。

2. 垫张方块,你就可以兑现◇A,击落◇K,建立起◇Q。

3. 垫张梅花,你就可以出张小梅花,建立起♣K。当西家打张红桃给东家时,
   你就扔掉◇Q。

虽然西家这个加倍不一定是用理想的 1-4-4-4 牌型做出的,防守方很难隐瞒他们的牌型。东家,拿着这么可怜一点实力,非常可能在某门低花里表示张数,西家要想平静地把◇K 或♣A 垫成单张是很不容易的。

牌例 24 公平交易

答案——第二部分

残局中安全的脱手张是♠9——所谓的"围绕牌张"——东家的♠9和♠7可以"围绕"明手的♠8。当然了,这样的局势本不应该出现的。

定约人本应该打紧逼而不是投入。你要在第四墩上垫掉一张梅花,以一个输张换取另一个输张。如果东家换攻一张梅花,你就连出将牌,在第五轮上垫掉明手的一张黑桃,形成单紧逼。但假如东家以♠9脱手,打法就有些复杂化了。你用♠K吃进后连打将牌形成这样的局势:

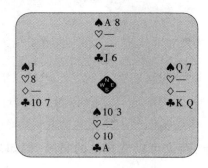

在最后一张将牌上,明手垫去一张黑桃,东家就遭到了十字紧逼。垫张梅花,你可以兑现♣A明手牌就打好了。垫张黑桃,你可以兑现♠A,自己手里的牌打好了。

与前面一例一样,一个足智多谋的东家可以换个垫牌方法。但定约人也跟前一例中一样,既然有能力打成这样的残局,他猜对的机会总要大于猜错。

那么,定约是铁定打成了?不是——防守方也需要做一些交易。他们需要将吃第三轮红桃,而不是第四轮。这样,东家就可以在第四墩时换出♣K,让定约人没有办法调整输张。

第三章

艳阳高照

第三章　小结

牌例 25 优选赌注

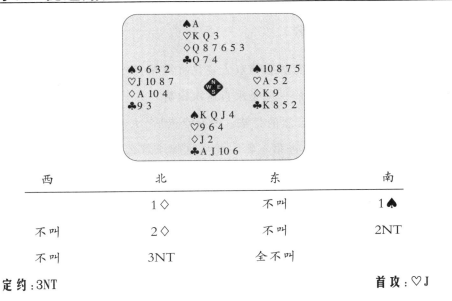

西	北	东	南
	1◇	不叫	1♠
不叫	2◇	不叫	2NT
不叫	3NT	全不叫	

定约：3NT　　　　　　　　　　　　　　　　　　首攻：♡J

牌例 26 运气欠佳

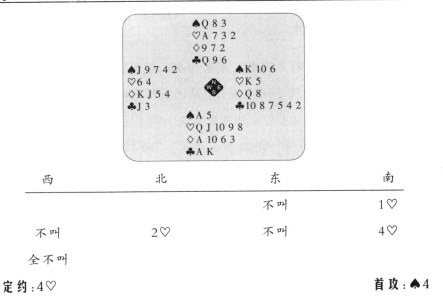

西	北	东	南
		不叫	1♡
不叫	2♡	不叫	4♡
全不叫			

定约：4♡　　　　　　　　　　　　　　　　　　首攻：♠4

49

牌例 25 优选赌注

答案——第一部分

2008 年的凯德尼研究所慈善双人赛是在英格兰的汉普舍尔及周边地区的俱乐部举办的,我们这副牌例就是来自这次比赛。

盖打首攻的红桃是自然的打法。东家吃进后,大概要回出这门花色。你也料得到定约人会忍让,吃进第三轮。此后这牌该怎么打呢?

有些定约人就处理方块了,这个打法没什么成功机会。它要求持长红桃的一边一张顶头大方块都没有。假如东家拿着所有方块大牌,你还得要求梅花飞牌是成立的。一个更受欢迎的打法是处理梅花——先飞♣J,用♠A 回手,再飞♣10。不幸的是,尽管梅花飞牌成功了,常见的 4-2 分布就让定约人少了一个赢墩。有什么更好的打牌路线吗?定约能打成吗?请看第二部分答案。

牌例 26 运气欠佳

答案——第一部分

牌桌上,定约人扑上明手的♠Q,东家盖♠K,他只能用 A 吃进了。打掉两张大梅花,定约人就出♡Q,明手用 A 盖打。从明手打出♣Q 来垫黑桃。倒霉,遭到西家将吃了。这墩将吃,加上♡K 和两墩方块击败了定约。

"梅花居然是 6-2 分布,我太不走运了。"南家悲叹道:"黑桃的位置也不对。"

"没错,我也会按这条路线来打的,"北家表示了同情:"打梅花的 5-3 或 4-4 分布肯定比飞将牌强。不管怎么说,西家如果有♡K 的话很可能要盖打的。"

你能为定约人找到一条成功的路吗——或者这牌的分布真的太背了?请看第二部分答案。

牌例 27 聪明绝顶

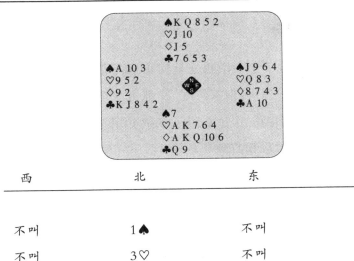

西	北	东	南
			1♡
不叫	1♠	不叫	3♢
不叫	3♡	不叫	4♢
不叫	4♡	全不叫	

定约：4♡   首攻：♣4

牌例 28 致命的垫牌

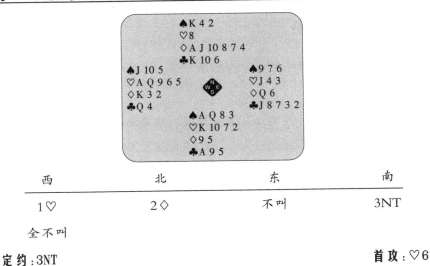

西	北	东	南
1♡	2♢	不叫	3NT
全不叫			

定约：3NT   首攻：♡6

牌例 27 聪明绝顶

答案——第一部分

在一桌上,东家赢进了第一墩梅花就回出这门花色。西家吃进后打了第三轮梅花。东家垫掉一张方块,南家将吃。一张方块出给了J,明手拉起了♡J。东家看不到任何盖打的理由,♡J吃到了这墩。定约人再调两轮将牌,既然将牌是 3-3 分布,定约就轻松打成了。

"如果我盖上这墩红桃有用吗?"东家问同伴:"我希望你拿着♡K,定约人没法再次进入明手飞将牌。"

"没用,"南家插嘴了:"你盖打,我就吃进,用♡10 到明手,再用一张方块回手。你们的红桃 3-3 分布,Q 还对我有利,定约一定能打成。"

拿着分布如此平均的牌,防守方能打败定约吗?要怎样防守呢?请看第二部分答案。

牌例 28 致命的垫牌

答案——第一部分

在一次四人队比赛中,两桌打的都是 3NT。首攻也一样——东家都出♡J,被 K 吃进。

一位定约人简单地打方块。东家赢到第一轮方块就回出红桃,防守方卷走了五墩牌。

"从叫牌看,两张大方块很可能都在西家,"南家评论道:"或者♡9 在我的右边——这样我就有第二个止张了。"

另一桌的定约人决定先打黑桃。只要黑桃是 3-3 分布,他距离完成定约就只差一墩牌了。你认为这个打法的结果是怎样的?请看第二部分答案。

牌例 29 保持控制

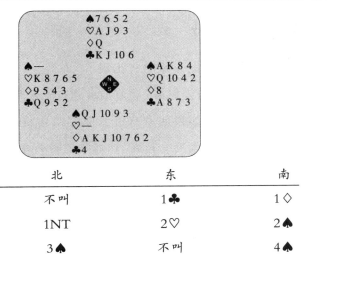

西	北	东	南
	不叫	1♣	1◇
1♡	1NT	2♡	2♠
不叫	3♠	不叫	4♠
全不叫			

定约：4♠   首攻：♣2

牌例 30 国王的气数

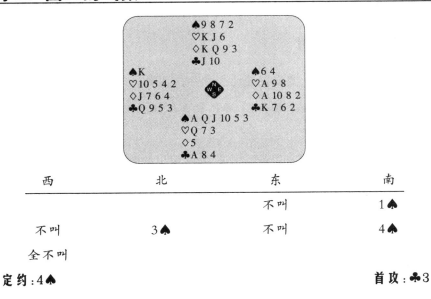

西	北	东	南
		不叫	1♠
不叫	3♠	不叫	4♠
全不叫			

定约：4♠   首攻：♣3

牌例 29 保持控制

答案——第一部分

飞♣10是常规的打法,东家的 A 出现了。

一位东家换攻♢8,希望靠♠8 将吃或者超将吃来获得一墩。这个想法没有显示出什么大智慧来。如果西家有进张能够给你将吃,定约总是打不成的。同样,如果定约人的方块套有个窟窿,计划要在明手将吃一轮,东家必定可以获得一个超将吃。

更好的回出是♡2,分别被 K 和 A 盖打。东家马上会在将牌中进手,他可以继续打♡Q。不幸的是,这个打法还不够好。东家再次以将牌进手时就不能逼迫定约人将吃了,因为明手的♡J 是最大的红桃。有一位东家,从叫牌中就觉得红桃有问题,第二墩就回了一张小红桃,将牌进手后又出了张小红桃。这是最妙的防守吗?请看第二部分答案。

牌例 30 国王的气数

答案——第一部分

这副牌例出自英格兰南安普顿协会的一次比赛。打牌的前面过程在两桌是一样的。西家首攻一张梅花,被♣10,♣K 和♣A 分别盖打。然后定约人就出一张方块给♢7,♢K 和♢A。

假设东家回出♣2。西家用♣Q 吃进,并从回出的♣2 得知南家有第三张梅花,就出了这门花色的第三轮。

一位定约人在明手将吃了第三轮梅花,出♠9 飞。西家用单张 K 吃进,正确地打出一张方块(如果定约人拿着♡A9××,此时出红桃就吃亏了)。♡A 是跑不掉的一墩,定约就此宕掉了。你认为另一桌会发生什么情况?请看第二部分答案。

牌例31 复杂的组合

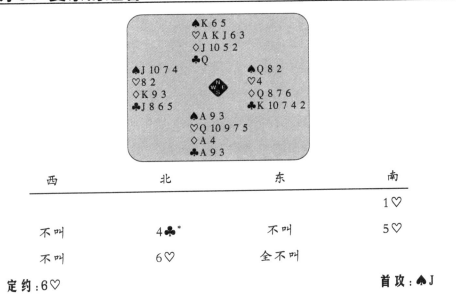

西	北	东	南
			1♡
不叫	4♣*	不叫	5♡
不叫	6♡	全不叫	

定约:6♡　　　　　　　　　　　　　　　　首攻:♠J

牌例32 速度与方向

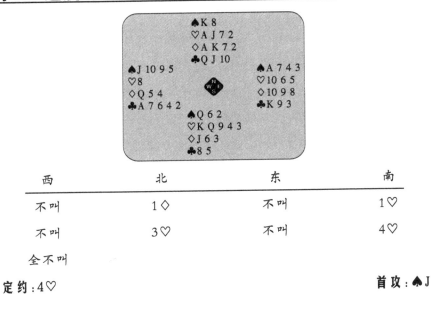

西	北	东	南
不叫	1◇	不叫	1♡
不叫	3♡	不叫	4♡
全不叫			

定约:4♡　　　　　　　　　　　　　　　　首攻:♠J

牌例 31 复杂的组合

答案——第一部分

这个牌例出自英格兰的四人队锦标赛,克劳克福德杯的决赛。决赛是八个队的循环赛。

有些南北方向的牌手没有叫到满贯,因此他们犯不着为打成十二墩还是十一墩担心。那些叫到六阶的牌手就责任重大了。

无论西家首攻一张将牌、梅花还是♠J,作庄的路线是基本相同的。定约人进手后,调光外面的将牌,止于明手就起◇J飞牌。西家赢进后安全地脱手。定约最后总归要宕一。但有一桌这个满贯却打成了——且没有得到防守方的协助。你看得出怎样才能打成吗?请看第二部分答案。

牌例 32 速度与方向

答案——第一部分

在一次许多队参加的比赛中,大多数南北都叫到并打成了这个红桃局。

西家典型的首攻是♠J,出给了Q。定约人调过三轮将牌就建立梅花。东家吃进后就兑现♠A,然后换攻◇10。在明手赢进后,定约人顶出♣A就取得了十墩牌:一墩黑桃,一墩黑桃将吃,五墩将牌,两墩方块和一墩梅花。

有一桌的北家开叫了1♡,由东家首攻。首攻的◇10让防守方占了先机。东家再次用♣K获得出牌权继续出方块。防守方吃到了一墩方块,两墩梅花和一墩黑桃。你认为由南家主打4♡能够被防宕吗?请看第二部分答案。

牌例 33 猫鼠游戏

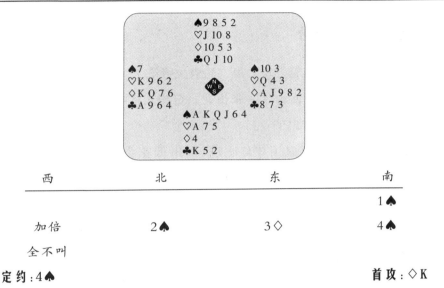

西	北	东	南
			1♠
加倍	2♠	3◇	4♠
全不叫			

定约:4♠　　　　　　　　　　　　　　　　首攻:◇K

牌例 34 晚期的进张

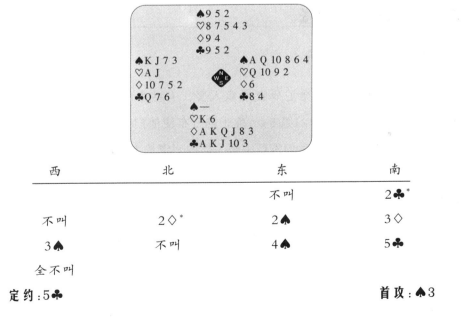

西	北	东	南
		不叫	2♣*
不叫	2◇*	2♠	3◇
3♠	不叫	4♠	5♣
全不叫			

定约:5♣　　　　　　　　　　　　　　　　首攻:♠3

牌例 33　猫鼠游戏

答案——第一部分

牌桌上的西家连出两轮方块，第二轮被大将吃了。定约人调光外面的将牌后打出♣K。西家吃进后回出了一张梅花。定约人将吃了明手最后一张方块，用一张梅花回到明手后打出了♡J。

东家正确地跟小，西家用♡K吃进，回出低花会送给定约人将吃垫牌，所以他回了一张小红桃。限制性选择原理指示要打东家有♡Q而不是♡9。叫牌进程也标明要这样打。西家已经显露了12个大牌点——足够做技术性加倍的了——而东家叫过3♢，除了方块外还应该有点大牌实力。定约人让明手出♡8，♡Q一出现定约就打成了。

显然，明手是缺乏进张的，而第二轮方块帮了定约人的忙。西家在第二墩时出张小梅花能击败定约吗？出什么才行呢？请看第二部分答案。

牌例 34　晚期的进张

答案——第一部分

这是出自 2010 年凯德尼研究所双人赛。有些桌的东家主打加倍的 4♠，打到了十墩。有些桌的定约是 5♢，牌张的分布使他们毫无机会。

有一桌的叫牌进程和我们例题中是一样的。定约人将吃了首攻的黑桃，认为进入明手飞将牌的机会不太大，就打出了两张顶头的大将牌。看到将牌 Q 没有被击落，定约人就连打方块，明手垫红桃。西家将吃了第五轮方块后继续出黑桃。定约人得以用第六轮方块垫去第四张红桃，送出一墩红桃再将吃一墩红桃，得到了十一墩牌。

假如西家遵循等待机会，以一张将牌调敌方两张的原则，拒绝将吃任何一张方块，5♣还能打得成吗？请看第二部分答案。

牌例 35 连续思考

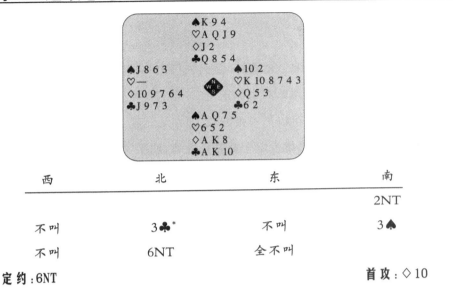

西	北	东	南
			2NT
不叫	3♣*	不叫	3♠
不叫	6NT	全不叫	

定约：6NT   首攻：◇10

牌例 36 苦战到底

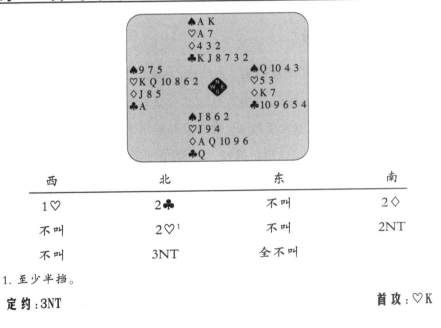

西	北	东	南
1♡	2♣	不叫	2◇
不叫	2♡¹	不叫	2NT
不叫	3NT	全不叫	

1. 至少半挡。

定约：3NT   首攻：♡K

牌例35 连续思考

答案——第一部分

◇10分别被◇J、◇Q和◇K盖打。定约人打出一张红桃,西家垫掉一张方块。明手出♡Q,♡K吃到了这墩。东家回出◇5。定约人扑上◇A,又出了两轮红桃。

西家在第二轮红桃上可以扔一张方块,但在第三轮上就麻烦了。由于南家已表示过有四张黑桃,垫张黑桃肯定会损失一墩牌。明手又放着四张梅花,垫张梅花也会丢一墩牌。如果东家有◇8,唯一安全的垫牌就是方块了,因此他扔掉了◇9。

定约人马上打出了令人担心的◇8,让西家继续头疼,而且是无药可医的。十墩牌转眼间变成了十二墩,满贯打成了。

由于定约方有的是进张,东家进手后出别的牌显然也没什么区别。忍让♡K能有好效果吗?如果没有,西家是不是该换个垫牌方法呢?请看第二部分答案。

牌例36 苦战到底

答案——第一部分

在一次四人队比赛中,两桌的南-北方由正确的一边(南)来主打3NT定约。有一桌的西家开叫过弱的2♡。定约人认定东家是双张红桃并且拿着♣A,忍让了第一轮红桃。定约马上就宕了两墩。当西家开叫了1♡时,赢进第一墩就是理所当然的了。只要东家不能获得出牌权,♡J就成为第二个止张了。

赢进红桃首攻后,定约人打了张梅花,把A顶出来了。让我们假设西家以一张黑桃脱手。在明手吃进后,你兑现一张大梅花,发现了坏消息。如果你能吃到四墩方块,加上两门黑牌各两墩和一墩红桃,定约还可以成功。

方块套中还有两个问题——不得让东家进手,还得保持暗手的进张。该怎么打呢?防守方有对抗的办法吗?请看第二部分答案。

牌例 25 优选赌注

答案——第二部分

这样梅花结构的"常规"打法是两次以小牌出向 AJ10。如果东家有♣K 且不超过两个护张,这个打法可以在这门花色中得到四墩。但是,这样打是假设♣K 为双张时,你有足够的进张来兑现第四轮梅花。此例中你缺乏进张,必须避免在这门花色中形成堵塞。

一个更有希望的打法是先出♣Q。如果它吃到了,就一帆风顺了。你再飞♣10,用♠A 过手,重复飞牌。然后你就能兑现剩余的黑牌赢墩。东家最好是盖打♣Q。你用♠A 吃进,继续出♣J。当♣9 从西边出现时,你必须注意要解封明手的♣7。用黑桃过手,第三轮梅花用♣6 飞。按照限制性选择的原理,西家持有♣9×(或者♣8×)的机会比♣98×几乎多一倍。

牌例 26 运气欠佳

答案——第二部分

如果你能拒绝飞将牌,或许你也可以抑制自己做出另一个受本能驱动的打法。假设你在第一墩从明手出小,用 A 在暗手赢进。

如果你在打出 A 和另一张红桃之前兑现两墩梅花,可以防止西家将吃第三轮梅花。但有个麻烦就是你自己手里的将牌太大了,明手缺乏进张。进张的局势要求你做出更仔细的打法。

在第二墩时就飞将牌。如果东家吃进了并兑现♠K,你可以再获得出牌权,解封梅花,调将牌止于明手。你可以用两张黑 Q 垫去两张方块。如果东家吃进将牌后并不兑现黑桃赢墩,你仍然能获得出牌权,调将牌止于明手。这次你就用♣Q 垫去一张黑桃,只输两墩方块和一墩红桃。这是个讨厌的进退两难的形势:东家可以选择是否兑现♠K,但无论怎样做,都是注定要失败的。

牌例 27 聪明绝顶

答案——第二部分

要打逼迫将吃的防守,西家的将牌张数不对头。定约人不可能缺少将牌。防守方的确要攻击南家的将牌,但要靠大牌而不是将牌长度。西家脑子里的终极目标应该是将牌升级。

东家用♡Q将吃第三轮梅花起不了什么作用。定约人或者可以超将吃,或者,更好的办法是,垫掉一张黑桃。东家用♡8将吃要好一些。假如定约人超将吃,东家在以后可以用♡Q盖打♡J或♡10,把西家的♡9建立成第三轮的赢张。问题在于定约人无须超将吃——单张黑桃找到去处了。还是功亏一篑。

打将牌升级之前要兑现边花赢张是老生常谈了。西家应该在打出第三轮梅花前兑现他的♠A。这样,东家用♡8来提升将牌,定约人只得超将吃。♡9就是宕墩。

牌例 28 致命的垫牌

答案——第二部分

西家要在第四轮黑桃上垫一张牌,该垫什么呢?

如果垫张红桃,定约人就处理方块套,只输三墩红桃和一墩方块。垫张梅花稍许好些,因为东家有可能拿着♣J和♣9。但是,在此例中,垫张梅花就让定约人得用♣K过手,击落单张♣Q,再飞♣9。最后的选择就剩下垫张方块了。

如果西家垫掉一张小方块,你该怎样打成这个定约呢?定约人从手里出张小方块,如果◇K出现了,就忍让一轮,否则就扑上◇A。这个规避打法可以建立起长方块,同时不让危险的东家获得出牌权。

唯一确保能击败定约的垫牌就是◇K。这样就使东家的◇Q成为了进张。

牌例 29 保持控制

答案——第二部分

在东家继续出小红桃时,定约人没有别的选择,只能在第二轮垫牌。如果西家有♡KQ,定约总是打不成的,但从开叫来看,认为♡Q实际上在东家手里是有道理的。明手赢进了第二轮红桃后,只需顶出东家第二张大将牌,并将吃第三轮红桃重新获得出牌权就没问题了。

东家在第二墩时出♡Q会更有效果。假设你用♡A吃进开始打将牌。东家可以进手两次并每次都可以穿过你的缺门,对着西家的K出红桃。如果你将吃两次,将牌就要失控,你的将牌会少于东家。如果你不将吃,♡K就是宕墩。

在转攻♡Q之后,要打成定约你必须将吃。这样,就在明手保留了♡AJ,形成♡K后面的间张,保护你不再受红桃逼迫将吃的威胁。

牌例 30 国王的气数

答案——第二部分

另外一桌的南家是来自英格兰汉普舍尔的大卫·哈盖特,一位非常受尊重的牌手和教师。

前面的打牌进程一样,哈盖特在动将牌之前先做了个探查打法。他已经注意到,不叫过的东家,显露了♣K和♦A。如果♡A也在这一边,西家就应当持有♠K。

在明手将吃过第三轮梅花后,他让明手出♡K。他是这样计划的,假如东家缓拿他的A,就在大方块上垫去一张红桃并打出第二轮红桃。事实上,东家吃进了第一轮红桃。哈盖特就知道应当打♠K的跌落了。

东家要避免这个局面就该在♦A进手后转攻一张将牌。由于首攻的3标示着定约人还有两张梅花在手里,他不可能用方块把它们都垫掉,东家不用着急兑现梅花。

牌例 31 复杂的组合

答案——第二部分

出◇J飞牌看来是处理这门花色的正常打法。如果西家有这门花色的长度（至少四张）且不是 KQ 都在他手里，就可以建立起第二个赢墩。如果某个防守人拿着◇KQ×也能成功。

唯一成功的定约人找到了另辟蹊径的理由。西家已经显露了♠J10 和两张将牌，而东家只有一张将牌。东家有更多的空位以容纳方块长度。应对这个局势的打法是 A 和另一张方块。如果西家吃进了◇K，就可以针对◇Q 打将吃飞牌了。如果西家不吃这一墩，东家就要用◇Q 赢进第二轮方块，此后将吃一次就能把◇K 在第三轮打下来了。

很遗憾我没有记下这位成功定约人的名字，更遗憾的是，我不是这位定约人。

牌例 32 速度与方向

答案——第二部分

要是定约人不树立梅花而企图靠击落◇Q 打成定约，他就会失败——但这种拙劣的打法不会出现的。

真实的故事是某位东家在第一墩就开动脑筋了。明手的红桃结构显示这门花色里不会有防守赢墩了。一个选择是按西家持♣A 双张打，搞个将吃。这个希望也不现实。唯一真正取到四个防守赢墩的机会在于西家拿着♣A 和带 Q 的三张方块。只要对方块的攻击发生在定约人建立梅花之前，并从正确的一边发动，防守方就能占得先机。

东家正确地推断出，定约人用♠Q 垫明手一张牌没什么用，就扑上了♠A 并转攻◇10。这一墩被◇A 吃了。当定约人打梅花的时候，东家用♣K 赢进第一轮，继续出方块。定约人这次盖上了◇J，西家出◇Q，把◇K 顶出来了。西家吃进下一轮梅花时，打出张方块给东家，击败了定约。

牌例 33 猫鼠游戏

答案——第二部分

不行,西家在第二墩就转攻小梅花也没用。定约人可以在明手吃进,将吃一轮方块,调将牌,用一张将牌渡到明手,再将吃一轮方块后打出♣K:

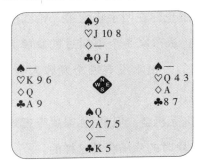

此时西家进退两难了。用♣A吃进♣K就会使♣Q成为从明手出红桃的进张。忍让同样是致命的——西家将被迫吃进下一墩梅花,而且要由他来出红桃。

西家在第二墩时出张将牌还是不行。明手的♠98将产生一个进张,同样使定约人得以剥光方块,随后再出♡J飞牌。

要想击宕这个定约,东家需要用A超吃◇K并转攻一张梅花。这样打防守方就能赢得这场猫鼠游戏。如果定约人扑上♣K,西家就放他吃这墩牌,此后赢进第二轮梅花,以第三张梅花脱手。如果定约人不出♣K,西家就在第一轮吃进♣A,并以第二轮梅花脱手。如论如何,定约人都没有足够的进张来消除方块并从明手出红桃。

要注意的是,假如防守人先打两轮方块,定约人只要在为西家设计梅花困局之后再使用明手的将牌进张就能成功——这是个形势互换。

牌例 34 晚期的进张

答案——第二部分

如果♡A的位置是有利的,在残局中有两条能打成的路线。你可以在明手将吃第六轮方块再对着♡K出张红桃。或者,你也可以在暗手赢进第六墩方块并挺出♡K。东家将无力阻止你在明手将吃第二轮红桃。但在实际分布中,这两个打法都不能奏效。的确,从东家是个不叫过的发牌人及打出的第一墩牌你看得到,♡A的位置是不利的。根本没有哪个发牌人会拿着♠AQ××××和♡A而不开叫。

粗略一看,这个定约毫无机会。但是,你需要考虑到西家要在长方块上垫牌。在你即将打出最后一张方块时的残局会是这样的:

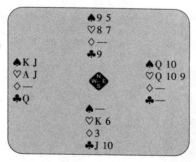

"垫掉"将牌是要命的——这使你可以在明手将吃一墩红桃。垫一张红桃同样是致命的——你放出一张小红桃就能建立♡K。因此,西家不得不垫成单张黑桃。此时,你就在明手将吃掉最后一张方块,在暗手将吃一墩黑桃后以将牌脱手。手里只剩下红桃的西家不得不出向你的♡K。

同样,在明手多保留一张红桃,少留一张黑桃也能打成。当西家将吃第六张方块时,你可以扔掉明手最后一张黑桃,同样能得到一个有帮助的回牌。

牌例 35 连续思考

答案——第二部分

不行,东家缓拿♡K也于事无补。定约人能够放掉一墩红桃来建立同样的局势。让我们再来看一看这个局势:

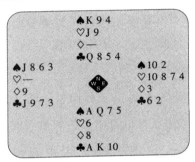

我们看得到,在♡J上垫掉◇9是致败的。当◇8打出时,西家将在黑牌里面受到紧逼。

在红桃上垫掉一张黑桃也同样是败招。定约人打四轮黑桃就让西家在低花里遭受紧逼了。

唯一的生路是垫张梅花。兑现四轮梅花不会对西家进一步形成紧逼。因为南家要在西家之前垫牌,威胁张提前被放弃了,在西家垫牌之前,定约人要选择扔掉第四张黑桃或是◇8。

牌例 36 苦战到底

答案——第二部分

飞◇Q会使你陷入麻烦。假如你忍让下一轮,东家可以获得出牌权;如果你兑现◇A,就拆了通向长方块的桥。正确的办法是飞◇10。如果东家直接扑上◇K怎么办?你只能赢进这墩牌。此后你只得猜是不是要按◇J也在东家打(要用黑桃渡到明手再次飞牌),或者放掉一墩方块,希望西家吃进。做猜测,总要认为自己能猜对。

你注意到西家有什么防范的办法么?由于你叫过这个套,显然你要调转方向处理方块。吃到♣A后,西家可以打出♡Q和另一张红桃!一个警觉的东家应当知道做什么——垫掉◇K!这样你就没法再建立方块套了。可是,你毕竟已经有了现成的八墩牌——每门花色两墩。要得到第九墩牌意味这要苦战到底。

以一张黑桃渡到明手并兑现一墩梅花,你扔掉一张方块并获得了坏消息。提掉◇A就打成这样的残局:

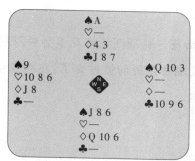

现在你打出◇Q。如果东家只剩下两张黑桃和三张梅花,你用♠A过手,送出一墩梅花。东家可以兑现一墩黑桃,但他此后必须要出向梅花间张。

如果东家保留的是三张黑桃,你就像以前一样提掉♠A和♣J,再送出一墩梅花。你最终将吃到♠J。无论如何定约是能打成的。

第四章

艰苦的午后

第四章　小结

牌例 37 保持连通

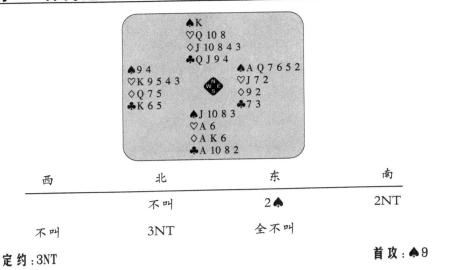

西	北	东	南
	不叫	2♠	2NT
不叫	3NT	全不叫	

定约:3NT

首攻:♠9

牌例 38 成长规划

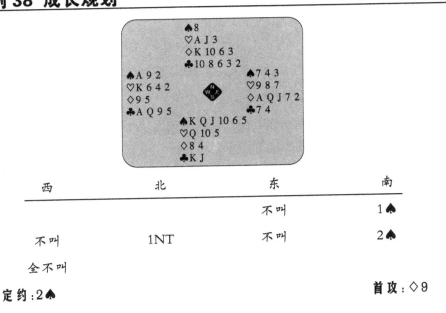

西	北	东	南
		不叫	1♠
不叫	1NT	不叫	2♠
全不叫			

定约:2♠

首攻:◇9

牌例 37 保持连通

答案——第一部分

这个牌例出现在一次威尔士为国际赛事选拔队员的训练赛中。一位东家让♠K吃到了,这很难说是正确的。定约人做了失败的梅花飞牌,但当西家转攻一张红桃时猜对了,只损失了两墩黑桃,一墩方块和一墩梅花。更普遍的打法是吃进♠A并转攻♡2。当西家赢进第一轮红桃并回出这门花色时,有些定约人试图击落◇Q。他们还要损失两墩黑桃,一墩红桃,一墩方块和一墩梅花。

两位打成了定约的定约人赢进第二轮红桃,从手里出梅花。尽管◇Q没有被击落,只要简简单单地顶出♠Q就获得了九墩牌:三墩梅花,其余花色中各得两墩。更好的打牌进程应该是怎样的呢?请看第二部分答案。

牌例 38 成长规划

答案——第一部分

这又是一副来自 IBM 杯赛的牌例,这个赛事首次举办于 1986 年,是由英格兰汉普舍尔的许多俱乐部共同举办的。

有些桌上,西家首攻了一张红桃。定约人通常在明手用 J 赢进后就打将牌。如果防守方兑现他们在低花中的赢墩再打出第三轮方块,定约人可以大将吃。将牌是 3-3 分布且红桃飞得中,定约就没困难了。

另一些桌上,东家用 J 赢进了首攻的方块,就换出梅花。西家赢进后转回方块。东家用 Q 吃进再次转回梅花。定约人可以对第三轮梅花超将吃,顶出将牌 A,再飞红桃打成八墩牌。攻守双方都有机会改进他们的打法吗?请看第二部分答案。

牌例 39 九个快墩

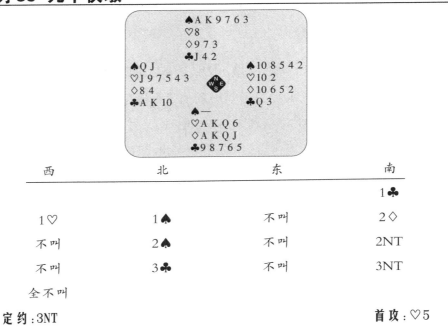

西	北	东	南
			1♣
1♡	1♠	不叫	2♦
不叫	2♠	不叫	2NT
不叫	3♣	不叫	3NT
全不叫			

定约：3NT　　　　　　　　　　　　　　　　**首攻：♡5**

牌例 40 希望之光

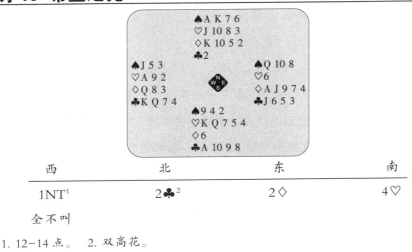

西	北	东	南
1NT[1]	2♣[2]	2♦	4♡
全不叫			

1. 12—14 点。　 2. 双高花。

定约：4♡　　　　　　　　　　　　　　　　**首攻：♦3**

牌例 39 九个快墩

答案——第一部分

这是一副奇怪的牌。有九个现成赢墩，但没有明显通往明手兑现两个黑桃赢墩的桥。

在牌桌上，定约人用♡K吃进了♡10就出了张梅花。西家用K吃进，回忆起♡8已经出过了，继续出♡7。定约人用♡Q吃进，又打了一张梅花。西家仔细地研究了一会儿，出小。东家赢进后却没有红桃可出，只能转攻一张方块。定约人吃进后打通了梅花。定约就此完成了——两墩长梅花取代了不可到达的黑桃赢张。

哪一边，或者两边能打得更漂亮吗？请看第二部分答案。

牌例 40 希望之光

答案——第一部分

此例出自为参加并赢得2011年凯姆罗斯赛的威尔士队选拔赛。

有些桌的西家开叫了1♣，给了北家一个轻松加入叫牌的台阶。如果是由西家开叫1NT，竞争性叫牌就有困难了。实际上，有一桌的东西进行的就是没有竞叫的叫牌进程。

在打4♡的许多桌之一，西家首攻了♣K。定约人吃进这墩就依靠一连串的将吃飞牌建立了一个梅花赢墩。更常见的首攻，在东家叫过◇之后，都是一张小方块。定约人让明手跟小。东家用◇9赢进后通常就会转出一张将牌。西家就出A，再出一张将牌。

一位定约人跟下来打张梅花给A，将吃一墩梅花后从桌上出一张小黑桃。东家开始了计算。南家已经显露了♣A和♡KQ。开叫了的西家一定拿着剩余的所有大牌了。当东家放小时，西家赢进了这墩黑桃又打出了第三轮将牌。尽管吃到了长黑桃，定约人还是少了一墩牌。定约人能把黑桃套处理得更好，或者，防守人总能占到上风吗？请看第二部分答案。

牌例 41 最大罚分

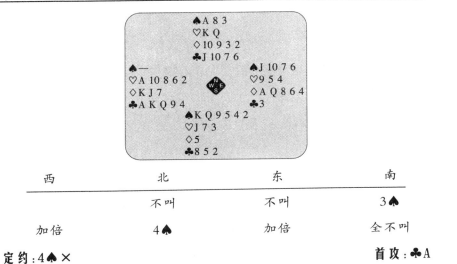

西	北	东	南
	不叫	不叫	3♠
加倍	4♠	加倍	全不叫

定约：4♠ ×   首攻：♣A

牌例 42 无可挽回

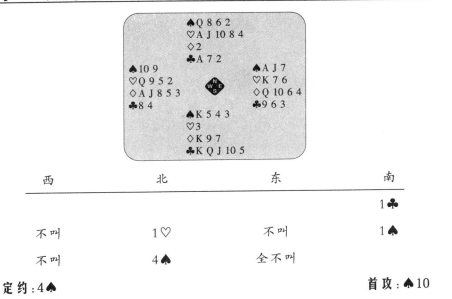

西	北	东	南
			1♣
不叫	1♡	不叫	1♠
不叫	4♠	全不叫	

定约：4♠   首攻：♠10

牌例41 最大罚分

答案——第一部分

这个牌例是来自全英格兰范围的一次双人赛（我们叫它作同时进行双人赛）。有些在英国其他地方的俱乐部也参加了，所以我才碰到了这副牌。

牌桌上，西家继续出♣K，东家垫掉一张鼓励性的♦8。跟下来是♣Q，东家垫了一张红桃。知道定约人可以超将吃第四轮梅花，西家就转攻了一张方块。东家用♦A赢进后，转攻了一张红桃，西家扑上♡A又出了一张红桃。看到整手牌，我们知道先从明手出一张小将牌可以收获所有的将牌。但定约人先从明手出了A，只好再丢一墩将牌给东家。

看到其他桌的分数之前，这些东西方的牌手还庆幸他们拿到了所有的大牌和一个将牌赢墩。不幸的是，他们宕三所得的500分在一大堆620和650里面是很惨的。防守的两边有更好的打法来获得800分吗？请看第二部分答案。

牌例42 无可挽回

答案——第一部分

这是来自2007年凯德尼研究所双人赛的一个牌例。尽管有些人停在了局部定约上，4♠是更普遍的定约。

在那些西家首攻未叫过的方块的桌上，定约人的任务就简单了。但是，持有♦AJ×××对于许多西家牌手来说就是足够的理由不首攻这门花色，而是首攻一张将牌。

一些定约人用♠K赢进，以♡A过手拉起明手的方块。西家用♦A吃掉了♦K，再出一张将牌。东家用J赢进后打了第三轮将牌。这样定约人手里就拿着两个方块输张，但明手只有一张将牌来将吃了。

如果在暗手将吃红桃，会不会比在明手将吃方块好一些吗？请看第二部分答案。

牌例 43 再进张的选择

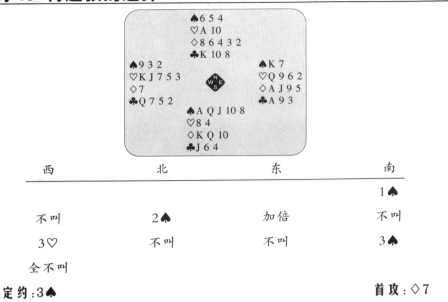

♠654
♡A 10
◇86432
♣K 10 8

♠932 　　　　♠K 7
♡K J 7 5 3 　　♡Q 9 6 2
◇7 　　　　　◇A J 9 5
♣Q 7 5 2 　　♣A 9 3

♠A Q J 10 8
♡8 4
◇K Q 10
♣J 6 4

西	北	东	南
			1♠
不叫	2♠	加倍	不叫
3♡	不叫	不叫	3♠
全不叫			

定约:3♠ 　　　　　　　　　　　　　　**首攻:◇7**

牌例 44 希望所在

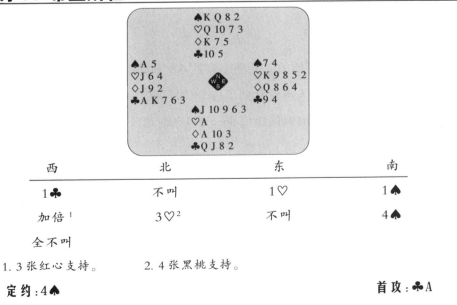

♠K Q 8 2
♡Q 10 7 3
◇K 7 5
♣10 5

♠A 5 　　　　　♠7 4
♡J 6 4 　　　　♡K 9 8 5 2
◇J 9 2 　　　　◇Q 8 6 4
♣A K 7 6 3 　　♣9 4

♠J 10 9 6 3
♡A
◇A 10 3
♣Q J 8 2

西	北	东	南
1♣	不叫	1♡	1♠
加倍[1]	3♡[2]	不叫	4♠
全不叫			

1. 3张红心支持。　　　　2. 4张黑桃支持。

定约:4♠ 　　　　　　　　　　　　　　**首攻:♣A**

牌例 43 再进张的选择

答案——第一部分

这个牌例来自欧洲网络双人赛。这并不是在网上打的牌——"网络"指的是赛后你不能拿到纸质的牌型和点评——需要到网上去获得。

有些桌的东西方打红桃定约,一般会丢五墩牌——两墩黑桃,一墩红桃和两墩梅花。

当南家主打黑桃定约时,西家通常会首攻一张方块。典型的打法就是方块出给A,方块将吃,一张小梅花出给A,第二次方块将吃。假如西家此时以一张将牌脱手,定约人就可以拿到剩余的赢墩了。标明的飞牌解决了梅花第二个潜在的输张,并且有足够的进张用于建立并享受长方块。假如西家得到了第二个将吃后转攻一张红桃会怎样呢?定约人能调光将牌并避免一个红桃输墩吗?请看第二部分答案。

牌例 44 希望所在

答案——第一部分

防守是以两轮梅花开始的。看到东家的♣9 和♣4 组成的大-小信号,西家继续出第三轮梅花。定约人也注意到了这个信号,就在明手大将吃。西家在下一墩用将牌 A 进了手,又打出第四轮梅花。无可奈何地叹了口气,定约人要明手垫一张方块。东家将吃了,取到了宕墩。

"如果我再将吃,我就得丢一墩方块了。"

"是的,"西家表示赞同:"我和同伴都能保护第三轮方块,所以没有紧逼。"

"依我看,东家怎么也不像拿着单张黑桃和双张梅花,"北家说,"肯定有更好的打法。"

你能看到更好的机会吗?能成功吗?请看第二部分答案。

牌例 45 孤立无援

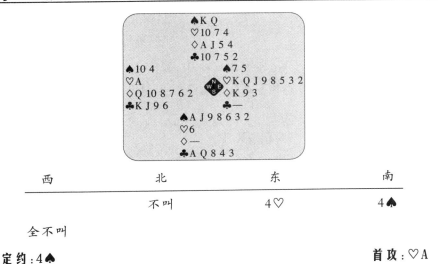

西	北	东	南
	不叫	4♡	4♠

全不叫

定约：4♠   首攻：♡A

牌例 46 必要的调整

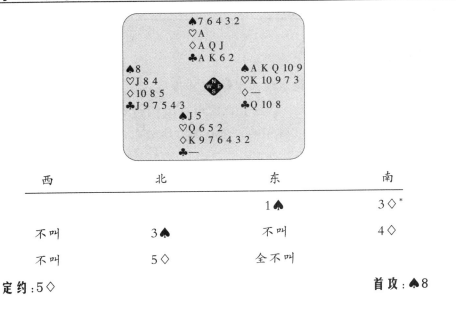

西	北	东	南
		1♠	3◇*
不叫	3♠	不叫	4◇
不叫	5◇	全不叫	

定约：5◇   首攻：♠8

牌例 45 孤立无援

答案——第一部分

牌桌上的东家跟出了♡K。西家换攻◇10。定约人用明手的◇A 吃进后调完将牌就打梅花。西家用♣K 吃住了♣Q，但是无法应付定约人对着♣10 出小梅花，建立第十墩牌。

西家责备同伴："你干吗要跟♡K 呢？"

"我得显示我的连张结构啊。"东家回答道。

"所有的红桃都在你眼前了——你明知道要么我是单张，要么定约人就有将吃了。我知道你的红桃这么强大有什么用？我把它当成花色选择信号了。我以为你的方块是缺门，而不是梅花。"

"对不起。"

假如西家在第二墩时换攻一张小梅花，你能打成定约吗？请看第二部分答案。

牌例 46 必要的调整

答案——第一部分

东家扑上了♠Q。无论定约人跟什么，东家注定要再试打第二轮黑桃，第二轮吃到了，他还要打第三轮。为防止西家用◇10 超将吃，定约人用◇K 将吃了。一张将牌出给明手，揭露了坏消息。3-0 的方块分布意味着，在明手将吃一墩红桃，就要为西家建立一个将牌赢墩。已经知道了黑桃的分布，建立一墩黑桃也是不可能的。既然东家很可能持有♡K，自然而然就要想到紧逼了。

假设你调将牌，将吃一墩黑桃回手(隐瞒你的梅花缺门)并连续打将牌。当你打出倒数第二张将牌时，每人还剩六张牌。你从明手扔掉一张梅花，保留一张黑桃，♡A 和♣AK×。东家剩下的牌大概是一张黑桃，♡K×和梅花 Q10×。但看到明手有三张梅花，他也可能再扔掉一张红桃，使得♡K 成为单张。这样，你就能用♡A 过手，兑现梅花大牌，自己手里都打大了。的确，既然西家也能保护梅花，东家应该垫掉一张梅花。你能应付东家知道西家在保护梅花的情况吗？请看第二部分答案。

牌例 47 星星点点

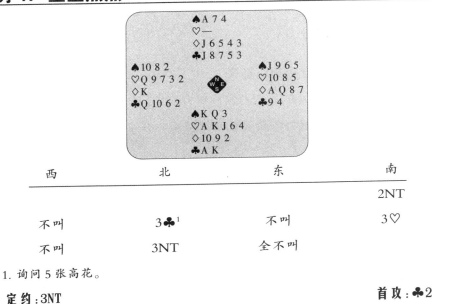

西	北	东	南
			2NT
不叫	3♣¹	不叫	3♡
不叫	3NT	全不叫	

1. 询问 5 张高花。

定约：3NT　　　　　　　　　　　　　**首攻：♣2**

牌例 48 安全退路

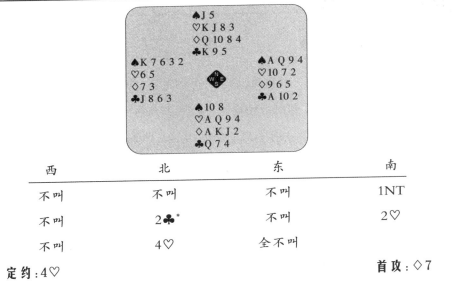

西	北	东	南
不叫	不叫	不叫	1NT
不叫	2♣*	不叫	2♡
不叫	4♡	全不叫	

定约：4♡　　　　　　　　　　　　　**首攻：◇7**

牌例 47 星星点点

答案——第一部分

牌桌上,定约人被迫吃进梅花首攻,打出了◇10。西家吃进后继续出了张小梅花。定约人赢进后再出◇9,发现西家没有方块了。东家吃进后转攻一张红桃。

定约现在有麻烦了。最好的希望就是红桃 4-4 分布且 Q 能被飞中。当♡J 飞给了♡Q,这个希望也破灭了。定约最后宕二。

北家准备承担责任。"要是我不寻求 5-3 的黑桃配合,人家可能会首攻红桃的。"

"我也许能打得更好一些,"南家回答道:"但是 4-1 的方块分布再加上你手里只有一个进张让这牌太难打了。"

如果双方都做到无懈可击,首攻梅花的情况下这个定约能打成吗? 请看第二部分答案。

牌例 48 安全退路

答案——第一部分

牌桌上,定约人吃进了方块首攻,调了外面的将牌,兑现了两墩方块,止于明手。从明手出了张梅花给 Q,又送出一轮梅花。防守方在两门黑花色里各吃了两墩。

"运气真差,"南家抱怨:"两手牌的牌型居然是照镜子。"

"你干吗这样出梅花啊?"一个旁观者发问了。

"西家在两门红花色里都是双张,如果有人拿着双张 A,就应该是东家呀。"

北家一脸困惑地表达了他的意见:"尽管我同意你说的第二点,我可不能确定你的运气到底有多差。一旦躲过了黑桃首攻,你就有机会让对方帮你先出梅花套了。"

用投入法有可能打成这个定约吗? 请看第二部分答案。

牌例 37 保持连通

答案——第二部分

赢进首攻的黑桃并转攻♡2是正确的防守。当南家放小时,西家该怎样防守呢?叫牌进程显示,东家根本不能既拿着♡A又拿着♡J。因此,西家应该忍让第一轮红桃,保持防守方的连通。

假设定约人飞梅花。西家吃进后,按照东家原本有三张红桃,继续出张小红桃把A顶出来。这样,定约人就没有机会建立两墩黑桃了,因为东家还有一张红桃可出。由于带护张的♢Q在西家手中,定约人打方块也没用。如果定约人决定在打梅花之前打方块,定约事实上要宕两墩。

牌例 38 成长规划

答案——第二部分

想击败这个定约,防守方需要在吃到五个快墩之外再吃到第二墩将牌。如我们所见,定约人可以超将吃第三轮梅花,也可以大将吃第三轮方块。防守方必须以正确的次序打出他们的赢张,既要打出第三轮梅花,也要打出第三轮方块。他们还需要先兑现所有的低花赢墩,再组织可能的将吃以防定约人随意地垫去输张,而不用大将吃。东家手里进张的匮乏表明,第三轮方块要先于第三轮梅花打出。

西家应该赢进转攻的梅花,兑现第二轮梅花,再转回方块。当定约人大将吃第三轮方块时,西家垫牌。这样,西家用♠A进手打出第三轮梅花时,东家就能打出♠7,决定性的将牌升级。西家的♠9最终成长为一个未来的赢张。

牌例 39 九个快墩

答案——第二部分

打牌的过程中,西家吃进第一轮梅花是个错误。第一轮红桃已经标明南家拿着♡AKQ。唯一现实的希望就是要东家拿着♣Q。如果东家赢进第一轮梅花并打出第二轮红桃,防守方就占了上风了。西家可以赢进第二轮梅花,顶出定约人最后一个红桃止张,并在吃到第三轮梅花时连出红桃长套。这样的防守可以把定约打宕两墩。可这是最终的答案吗?

不是——有条能把定约打成的路线。虽然在红桃中的止张有三个之多,定约人需要缓拿第一轮红桃。区别在于,东家以♣Q进手时,将没有红桃可出。无论防守方怎样打,他们没法在定约人取得九墩牌之前兑现红桃长套。由于红桃是6-2分布,梅花是3-2分布,西家需要拿着全部三个梅花进张才能打败定约。

牌例 40 希望之光

答案——第二部分

转攻将牌和继续出将牌意味着你无法在明手将吃三轮梅花。如果你得到两次将吃,再吃到长黑桃墩,也可以打成定约。

你或许会想到在手里赢进第二轮红桃,出张黑桃给明手。如果西家跟小,你在明手用小牌盖打,把这墩牌输给东家,他没有将牌可出。事实上你有可能这样完成定约。

但西家有个对抗的办法,在第一轮黑桃时他就扑上♠J。你只能赢进,以防止他继续出将牌。可当你此后放一墩黑桃给东家时,他回出一张黑桃就切断了你与长黑桃之间的联络——西家手里还有将牌时,你没法兑现这个赢墩。

皮特·古德曼找到的正确打法,是反做明手。在明手赢进第二轮将牌后,将吃一墩方块。利用大黑桃的桥,再将吃两轮方块(第四轮要大将吃)。然后放出一墩黑桃去。利用梅花将吃你得以进入明手,调出最后的将牌并享用第十三张黑桃。

牌例 41 最大罚分

答案——第二部分

西家在第二墩时犯错误了。继续出♣Q 要强于出♣K。这样,东家就知道了梅花里的情况,并可以计划做两次垫牌,在第二和第三轮梅花上垫掉红桃。此后,西家继续出♡A 和另一张红桃,东家将吃。

防守方已经取到了前面五墩牌。很清楚,他们跟下来要兑现方块了。但是,如果东家简单地兑现♢A,这将是他们最后的一个赢墩了。定约人全取将牌是不会受到阻碍的,因为有一张将牌已经打掉了。

给同伴红桃将吃时,西家需要出♡8 或者♡10 作为要方块的花色选择信号。这样,东家就知道用不着出♢A,出小方块是安全的。西家可以用♢K 进手,再打出第三轮红桃来提升东家剩下的将牌结构,再形成一个赢墩。第四个宕墩让东–西得到 800 分,成为顶分。

牌例 42 无可挽回

答案——第二部分

定约人的确可以在手里将吃两轮红桃而不丢掉出牌权。可这就能拯救定约了吗?你用♡A 过手,将吃一轮红桃,再用♣A 过手,又将吃一轮红桃。假如你跟下去打一张将牌,东家就吃进一或两轮将牌,然后出张方块。西家进手后就可以兑现♡Q 作为宕墩了。再假设你将吃第二次红桃后打一张方块。同样无济于事——你要完成的任务太多了。防守人只要简单地避免从他们尖头花色的间张里出牌就成功了。那么,定约是不可能完成的了?

并非如此——你要改变第一墩牌的打法。试试在明手盖打首攻的黑桃。东家只得吃进,也还是要出这门花色。你赢进第二轮黑桃后,渡到明手去打一张方块。西家可以用♢A 捕捉你的♢K,但没法让东家进手出第三轮将牌。赢进第二轮黑桃后,你也可以连打梅花,垫去明手的单张方块。

牌例 43 再进张的选择

答案——第二部分

有些定约人在防守方将吃后转攻红桃也成功了。他们在明手赢进红桃,飞将牌,调出外面剩下的将牌,飞♣10。然后他们就能将吃方块,再以♣K作为进张享用长方块。

你一定会指出,西家在第二轮梅花时应该扑上♣Q。这样就减少了明手一个进张,把第五轮方块关在门里了。说得不错。可是,这个局势或许根本就不应当发生……

当西家打一张小梅花给东家的A时,定约人本应当弃掉♣J。此后,防守人就没法得到将吃并把长方块关在门里了。那么说,定约是铁打不宕的了?

咱们还得把打牌过程再往回调整一下。当转攻梅花时, 西家需要做出富有远见的打法,打♣Q。由于♣9在东家手里,定约人用明手的♣K盖打,手里弃掉♣J也没用。如果定约人这样尝试,定约要宕二。

牌例 44 希望所在

答案——第二部分

不应该把希望寄托在黑花色分布上,要寻求发展一个红桃赢墩。

第四墩时,打将牌的时机尚未成熟。首先,应该打张红桃给A。然后再出将牌。西家只能出第四轮梅花,以防你调过将牌后用第四张梅花垫掉一张方块,再将吃方块。在明手大将吃后,你要好好盘算一下了。

叫牌进程表示西家有三张红桃而东家有五张。假如西家有♡K,你准备两次从明手出小红桃,把它将吃下来。假如西家有♡J,你就要出♡Q,逼迫东家盖打,此后把J将吃出来。♡K和♡J都在哪里呢?

两条线索指往同一方向。拿着♠A,♡K,♣AK和任何方块的大牌,西家就有15或16个大牌点——足够开叫15–17点的1NT了。而没有♡K,东家最多才只能有4个大牌点,应叫1♡就不够了。这些信息都告诉我们要采用钉下♡J的打法。

牌例 45 孤立无援

答案——第二部分

如果东家在首攻的♡A下跟♡2,西家就可以转攻♣6。东家将吃后可以回出♡J(相对小的J是要求继续出梅花)。你用将牌J吃掉♡J。

梅花的形势已经标明了,你面对这门花色两个可能的输张。已经丢掉了两墩牌,你可不能再丢两墩梅花了。看来,你需要个投入打法。

假如你调将牌止于明手,兑现◇A,将吃一墩方块回手,再连出将牌会有什么效果?西家会在你打出最后一张将牌前保留三张梅花,在你的最后一张将牌上垫掉一张梅花。等你放出一墩梅花时,西家赢进后就能兑现一墩方块。

要打成这个定约,你需要把建立花色和投入的打法组合使用。更重要的是,你必须让◇A老老实实地呆在明手。利用明手的两张将牌,将吃两次方块。然后再打出你所有的将牌。你打出最后一张将牌时的残局如下:

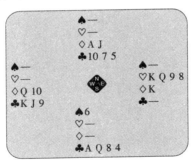

如果西家垫掉一张梅花,你出张小梅花就把这门花色建立好了。如果他垫掉一张方块,你同样可以出张小梅花。西家赢进后可以选择送两墩方块给明手(外加你手里最后的一墩梅花),或者直接送三墩梅花给你。

牌例 46 必要的调整

答案——第二部分

简单一看,对东家的高花紧逼似乎是不可能的。缺乏进张使得简单紧逼无法实现——这只能是个将牌紧逼。进张依然是个问题。既然明手拿着晚期的进张($\heartsuit$A),紧逼张需要从明手打出。假如东家垫成了单张黑桃,你可以在正确的一边靠将吃把这门花色建立。

将牌紧逼的关键步骤,是倒数第二轮将牌,或者,如果将牌已经打过了,就是最后一个副牌的赢墩。你必须调整手里将牌的长度,使得明手将要赢进的第三轮将牌成为倒数第二轮将牌。由于你原本的将牌比明手长了四张,已经将吃过一次,必须再将吃两次。

已经看到东家在将牌上示缺了,你将吃一轮梅花。用将牌进入明手,将吃第二轮梅花。调最后一轮将牌并兑现大梅花形成这个残局:

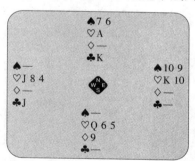

无论东家在♣K上垫什么,你都拿到剩余的所有牌墩了。假如外面只有一张黑桃了,你就将吃黑桃,明手打好了。假如他保留两张黑桃,你就兑现$\heartsuit$A,希望$\heartsuit$K跌出来。防守方在此例中没法做欺骗性垫牌,因为你知道外面黑桃的准确分布。

牌例 47 星星点点

答案——第二部分

在第二墩就处理方块明显是正确的。除非东家拿着 $\diamond$ AKQ，西家拿着 $\heartsuit$ Q，你所需要的不过就是方块的 3-2 分布。既然在这门花色 3-2 分布时你怎么出都没区别，你就要考虑 4-1 分布了。要对付这种情况，第一轮该双手放小，希望某个防守人的一个赢张只抓住两张小牌。

西家赢进后除了第二轮梅花外也没什么可出的。吃进这墩牌，你就出 $\diamond$ 10，西家示缺了。东家赢进后转攻一张红桃。你拒绝飞牌，吃进这墩，再出 $\diamond$ 9。东家必须忍让，否则你在明手就有两个方块赢墩了。

西家需要垫两张牌。由于垫两张红桃就让你建立这门花色了，他最可能垫的就是一张红桃和一张黑桃。你打成了下面这个局势：

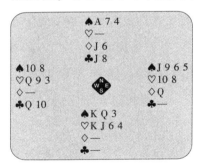

已经吃到的一墩方块使你的赢墩总数达到了八个，只需要打个投入就能获得第九墩。你打三轮黑桃止于明手。当西家在第三轮上示缺时，你送出两墩梅花，就可以声称了，西家要把红桃出向你的间张。

牌例 48 安全退路

答案——第二部分

北家说对了。你应该调光外面的将牌，至少兑现三轮方块后以一张黑桃脱手。让我们假设你在手里吃进最后一个红颜色赢墩，要西家先跟出第一轮黑桃。局势是这样的：

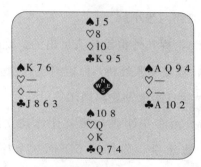

显而易见的是，防守方要安排没有拿着♣A的防守人赢进第二轮黑桃。他们可不想让拿着♣A的防守人首先出梅花，让定约方的♣K和♣Q分别吃到赢墩。这就意味着西家不能马上吃进♠K。同样，东家不能用♠Q吃进第一轮黑桃再随手兑现掉♠A。西家要放第一轮黑桃给东家吃，自己吃进第二轮黑桃。此后，出哪张梅花才是正确的呢？

♣3将分别被♣5，♣10和♣Q盖打。随后♣K9就形成了♣J后面的间张，不行。出♣J也不好，它将被♣K和♣A盖打，定约人跟小。跟下来东家不得不从带♣10的结构里出牌，让♣9吃到一墩。

西家需要出♣8。这样，除非要盖打♣9，东家不必出♣10。如果这墩牌的构成是♣8，♣9，♣10和♣Q，西家要在下一轮梅花时放上♣6。定约将无法打成。

第五章　小结

———— ·· ———————— ·· ———————— ·· ————

—— ·· ———————— ·· ———————— ·· ————————— ··

牌例 49 夺取通道

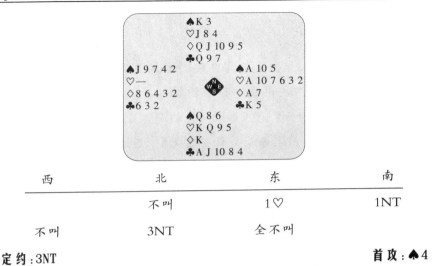

西	北	东	南
	不叫	1♡	1NT
不叫	3NT	全不叫	

定约:3NT   首攻:♠4

牌例 50 习惯性思维

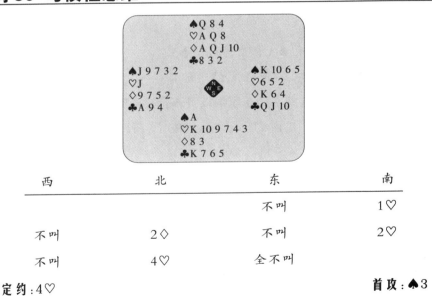

西	北	东	南
		不叫	1♡
不叫	2♢	不叫	2♡
不叫	4♡	全不叫	

定约:4♡   首攻:♠3

牌例 49 夺取通道

答案——第一部分

看来,让明手扑上♠K是合乎逻辑的。东家用♠A捕获了这墩牌,回出♠10。为了封锁长黑桃,你先缓拿,再吃进第三轮黑桃。如果你第一轮黑桃让明手出小,就要放东家的♠10吃第一墩,形成同样的局势。

假如西家有某个红A或者♣K,定约必宕无疑。走运的是,从叫牌判断,东家很可能拿着所有外面的大牌了。

得到出牌权后,你就出♢K。东家必须忍让这墩,因为回任何牌都会送明手一个进张。你继续出♡K。同样,东家还得忍让,这回是为了避免把♡J建立为进张。从此处接手,你能打成这个定约吗?请看第二部分答案。

牌例 50 习惯性思维

答案——第一部分

在牌桌上,♠4,♠10和♠A依次盖打了♠3。

定约人调了两次将牌——先是A,然后是K——然后就飞了♢Q。东家赢进后转攻♣Q,定约人放它吃到了。东家继续打♣J,被♣K和♣A盖打。

西家盘算了一番后出了♠J。定约人将吃了,调出了最后一张将牌就在方块上垫去了两张梅花。

西家丝毫没有歉疚的意思:"我认为,如果你拿着♣10,第二轮梅花就该出这张牌。"

东家不同意这个说法:"我是把现有的张数打给你,剩下两张就出大的。你应该知道黑桃是兑现不到的。如果这墩黑桃能兑现得到,定约人在第一墩就该扑上明手的Q。他的A显然是单张。"

北家插嘴了:"我觉得你们两位都没说到点上。"

你听得出北家想要说什么吗?

请看第二部分答案。

牌例 51　加的夫之谜

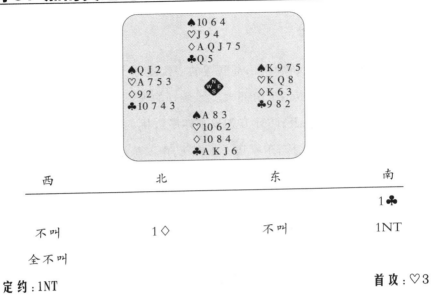

西	北	东	南
			1♣
不叫	1◇	不叫	1NT
全不叫			

定约：1NT　　　　　　　　　　　　　　　　　　　　　　　首攻：♡3

牌例 52　虚假经济

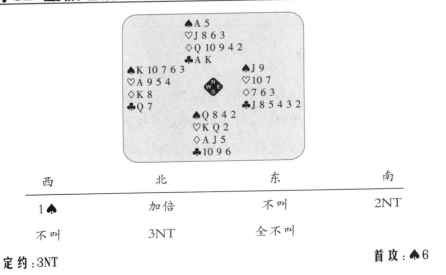

西	北	东	南
1♠	加倍	不叫	2NT
不叫	3NT	全不叫	

定约：3NT　　　　　　　　　　　　　　　　　　　　　　　首攻：♠6

牌例51 加的夫之谜

答案——第一部分

这个牌例出自加的夫桥牌俱乐部联盟的一次比赛。比赛是在冬季每星期四的晚上举办，经常能吸引威尔士南部大多数最好的牌手参加。

在我们这个牌例的桌上，防守方先取了四墩红桃，这恐怕是很正常的。在第四轮红桃上，明手垫了张黑桃，东家垫了张梅花，南家垫了张方块。西家转攻♠Q，吃到后再出♠J。定约人一直忍到第三轮，兑现了四墩梅花后就出◇10飞。已经勇敢地在梅花上垫掉了两张方块的东家，赢进了◇K后兑现了长黑桃。

"防得漂亮。"南家赞赏道。

"谢谢，"东家说："我知道你要飞过来的。"

"的确，"南家说："我也没有别的打法啊。"

你能找到另外一个打法，让结果完全不同吗？请看第二部分答案。

牌例52 虚假经济

答案——第一部分

牌桌上的定约人用♠Q赢进了第一轮黑桃后出了张小红桃。西家机警地用♡A吃进并又打了一张小黑桃。定约人在明手吃进这墩，但还是只有八墩牌。圆头花色倒是有五个赢墩可以兑现，但兑现后出牌权却要落在错误的一边，不能以黑桃脱手投入西家了。因此，在红桃里解封了之后，用一张梅花进入明手，定约人立即就处理方块了，把◇Q打给了◇A。可以预料到，哪个防守人都没有跟出◇K，定约就宕了一墩。

西家扑上♡A的打法不错，因为定约人马上就要转而树立方块了。在红桃之前先打方块会有什么区别吗？请看第二部分答案。

牌例 53 止步于小满贯

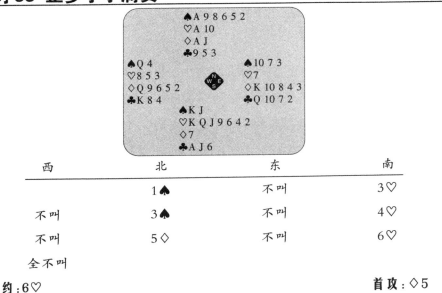

西	北	东	南
	1♠	不叫	3♡
不叫	3♠	不叫	4♡
不叫	5◇	不叫	6♡
全不叫			

约:6♡   首攻:◇5

牌例 54 约定叫的迷雾

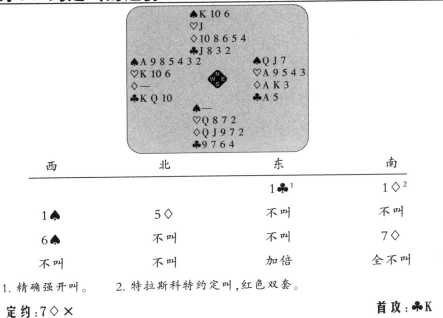

西	北	东	南
		1♣[1]	1◇[2]
1♠	5◇	不叫	不叫
6♠	不叫	不叫	7◇
不叫	不叫	加倍	全不叫

1. 精确强开叫。   2. 特拉斯科特约定叫,红色双套。

定约:7◇×   首攻:♣K

牌例 53 止步于小满贯

答案——第一部分

四人队比赛中,四桌都在打同样的牌。其中一桌,西家首攻一张将牌,让定约人轻松过关了。明手的方块进张安全无恙,很简单地就收获了黑桃和全部十三个赢墩。

在另外一桌,定约人在打张梅花给 J 之前先调了将牌,这可不怎么对。这时的局势几乎可以对东家在黑花色里紧逼。可是,西家一直把 ♣8 保持到最后,使得东家可以在明手的 ♣9 出掉后解除对梅花套的保护。

在第三桌,定约人在第二墩时就飞了 ♠J。飞丢了以后,定约人将吃了续攻的方块,兑现了 ♠K 并试图调将牌止于明手。很不幸,西家此后将吃了一墩黑桃,挫败了他的计划。

你能找到一条更好的路线吗?能够打成这个满贯吗?请看第二部分答案。

牌例 54 约定叫的迷雾

答案——第一部分

东-西方的牌肯定能打成 6♠,得到 1430 分。假如定约人能够得到七墩牌,就可以把对 7♦ 加倍的罚分限制在 1400 分。由于大多数桌上的南-北方都没有加入叫牌,防守方需要取到七墩牌,获得 1700 分。

♣K 吃到了,西家继续出 ♣10,东家用 ♣A 吃进后,自然是要打三轮将牌了。假设定约人在自己手里吃进第三轮方块,出一张红桃。如果东家用 ♡A 赢进并换攻 ♠Q,定约人将吃后就有了投入西家的选择。无论是否将吃一墩红桃,定约人都可以出张梅花。西家不得不出张黑桃,建立起明手的 ♠K,或者出张红桃,建立起 ♡Q。让定约人得到第七墩牌。

防守方能打得更好些吗?如果能,他们可以应付定约人其他的一些打法吗?请看第二部分答案。

牌例 55　关键所在

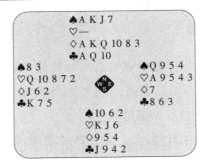

西	北	东	南
	2♣*	不叫	2◇*
不叫	3◇	不叫	4◇
不叫	4♡	不叫	5◇
不叫	6◇	全不叫	

定约：6◇　　　　　　　　　　　　　　　首攻：♡7

牌例 56　只取不予

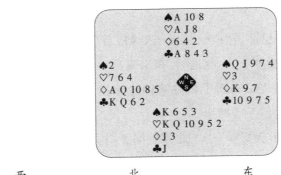

西	北	东	南
1◇	不叫	1♠	2♡
不叫	4♡	全不叫	

定约：4♡　　　　　　　　　　　　　　　首攻：♠2

99

牌例 55 关键所在

答案——第一部分

持有一手特别强的牌有个缺陷就是有些时候你无法让同伴进手。本例就出现了这种情况。假如南家不缺乏进张，取十二墩本来不是什么难事。北家在叫牌中希望南家在黑花色中有些有价值的牌。

显而易见的机会是将吃红桃首攻，兑现两轮将牌，希望 J 能够掉下来。当◇J没有掉下来时，看起来调第三轮将牌是正确的。然后，你只得从明手开始处理某门黑花色了。

假设你先处理梅花。如果 K 是双张，你就能打出三个赢墩并得到一个飞黑桃的进张。如果失败了，不管谁拿着 K 都可以拒绝给你一个进张。

打黑桃看起来会更有效果。你将怎么打这门花色呢——兑现♠AK，打出♠J 还是出小？请看第二部分答案。

牌例 56 只取不予

答案——第一部分

牌桌上的定约人在手里赢进首攻，兑现了♡AK 后出了一张黑桃。不想将吃东家的赢张，西家正确地垫牌了。A 吃进后，东家赢进了第三轮黑桃，并让西家在方块中进手。第三轮将牌使得在明手将吃第四轮黑桃的想法成了泡影。最后，定约人在两门尖头花色里各丢了两墩。

"你只调一轮将牌会不会好一点？"北家发问了。

快嘴的西家抢着回答了："我认为不行。我第一轮将牌跟出的♡7 指示我有三张将牌，并且希望将吃。我将吃第二轮黑桃时，我同伴可以跌出 Q 来表示他要方块。我转出一张方块，就能得到第二个黑桃将吃。"

定约人是否有办法在明手获得一个黑桃将吃而不给西家太多的将吃呢？请看第二部分答案。

牌例 57 安全要紧

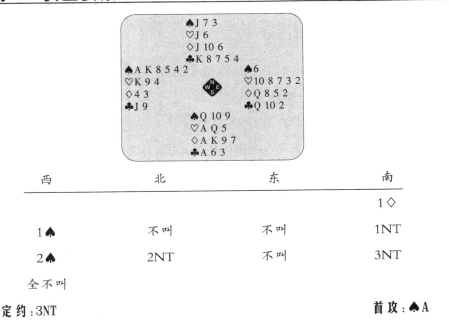

西	北	东	南
			1◇
1♠	不叫	不叫	1NT
2♠	2NT	不叫	3NT
全不叫			

定约：3NT　　　　　　　　　　　　　　　首攻：♠A

牌例 58 早寻退路

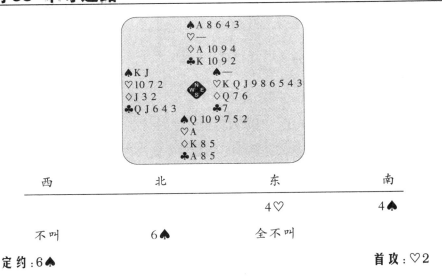

西	北	东	南
		4♡	4♠
不叫	6♠	全不叫	

定约：6♠　　　　　　　　　　　　　　　首攻：♡2

牌例 57 安全要紧

答案——第一部分

西家的首攻选择很不错，首先是一墩大黑桃，避免了被投入的危险。此后，自然要再出♠K 和一张小黑桃。

定约人看得到前途艰险。即便梅花是 3-2 分布的，建立起这门花色后也只有八墩牌。成功还要依仗一门红花色的飞牌，也许要靠击落双张◇Q。还有个麻烦——进张问题。

牌桌上的定约人想利用防守方的失误，在手里吃进第三轮黑桃后，打出一张小梅花。寄希望于西家是双张梅花，其中有♣2，而跟出了♣2。这样就可以把这墩牌放给东家。当西家打出了♣9时，这个计划显然落空了。定约人取了两门低花里的 AK，又以第三轮梅花脱手。假如东家持有♡K 且手里没剩下小方块了，这将形成一个投入。可在此例的实际情况下，定约宕了三墩。

定约人最好的打法是什么呢？定约能够打成吗？请看第二部分答案。

牌例 58 早寻退路

答案——第一部分

牌桌上，明手在首攻的红桃上垫去一张方块。定约人打了张将牌给 A，得到了坏消息，就用一张将牌脱手了。西家看得很清楚，东家一定拿着◇Q，否则定约人在失去出牌权之前就该剥光这门花色。不愿意率先动低花，西家打出了第二轮红桃，送了定约人一个将吃垫牌。定约人在明手将吃，手里扔掉一张梅花。此后就是三轮梅花，并连出所有的将牌。如果东家的梅花再多一张，方块再少一张，这将形成一个简单紧逼。可事实是，西家可以保留梅花，东家看着方块，定约人最终还是有一个输墩。

定约人有更好的打法吗？如果有，防守人有与之抗衡的对策吗？请看第二部分答案。

牌例 59 选择紧逼

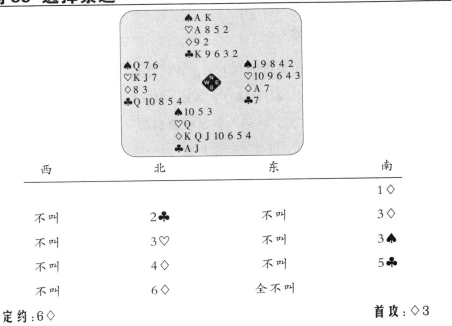

西	北	东	南
			1◇
不叫	2♣	不叫	3◇
不叫	3♡	不叫	3♠
不叫	4◇	不叫	5♣
不叫	6◇	全不叫	

定约：6◇   首攻：◇3

牌例 60 6 与 7 的战斗

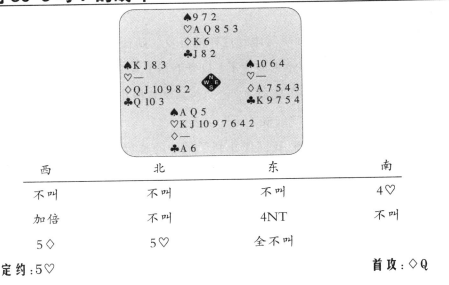

西	北	东	南
不叫	不叫	不叫	4♡
加倍	不叫	4NT	不叫
5◇	5♡	全不叫	

定约：5♡   首攻：◇Q

牌例 59 选择紧逼

答案——第一部分

东家用 A 赢进了首攻的将牌马上回出这门花色。将牌调过了，定约人要树立梅花了，兑现了 ♣A，出 ♣J 给 ♣Q 和 ♣K。东家垫掉一张黑桃。定约人将吃一墩梅花回手(东家垫红桃)，再用一张黑桃渡到明手，兑现第二张大黑桃并再次将吃梅花(东家垫黑桃)。再打了两轮将牌，两个防守人都垫红桃。残局是：

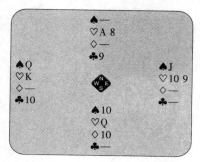

在最后一张将牌上，西家扔掉了第三张红桃，明手放弃了 ♣9；东家垫掉了一张黑桃。知道 ♠Q 还在外面，定约人最后只好把 ♡Q 出给 A。东家用红桃赢得了最后一墩牌。

南家郁郁不乐地说："居然碰到这样的首攻。随便攻张别的，我都能在明手将吃一墩黑桃。梅花分布也太要命了。只要不坏于 4-2，我有的是进张可以建立这门花色。双紧逼居然也不能成立。已知西家拿着梅花长套，如果东家拿着黑桃保护张，他们就都不能看守红桃了。"

东家点了点头："的确，我同伴找到了最妙的首攻，坚持拿着 ♠Q 也防守的很好。"

尽管有这些不利条件，定约人能打成这个定约吗？请看第二部分答案。

牌例60 6与7的战斗

答案——第一部分

牌桌上,定约人用♡J将吃了首攻的方块就打出♣A和一张小梅花。西家以♣Q进手后继续出方块。定约人用♡7将吃,一张将牌出到明手,将吃了一轮梅花后再以一张将牌进入明手。打成下面这个局势:

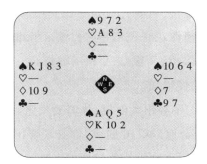

定约人从明手试着打出♠9。分别被♠10,♠Q和♠K盖打。手里的♠J和♠8现在是等张了,西家稳稳当当地以一张大黑桃脱手,打败了这个定约。你看得到双方都有哪些改进的空间,在打牌的早期还是残局?请看第二部分答案。

牌例 49 夺取通道

答案——第二部分

假设你继续出♡Q。这是无益的。东家再次忍让,就可以在获得出牌权时兑现红桃套了。

再假设你试着出张小红桃给J。同样不能奏效。东家可以吃进后回出♡10。的确,这样你能得到三墩红桃,可要打成定约还是不够墩。

显然,放弃红桃去处理梅花套也不是好打法。除非♣K是单张,如果你从手里出梅花,你将输掉两墩黑桃,两墩红A和一墩梅花。你需要渡到明手,从明手飞梅花并避免一个红桃的慢输墩。

你只能退回到前一墩。不要出大红桃,你需要出张红桃给♡J。更要紧的是,为防止东家用♡A赢进后安全地以♡10脱手,你必须要出♡9给J。这样,东家就招架不住了。赢进♡A后,回出这门花色就把♡8建立为进张了。假如东家缓拿他的♡A或者吃进后回出别的花色,同样让你获得了期盼已久的进入明手的进张。

牌例 50 习惯性思维

答案——第二部分

"你应该打将吃飞牌而不是简单飞牌,"北家说:"只要东家不能出牌,你不在乎丢掉一墩方块。吃进第一墩黑桃,就用一张将牌渡到明手,出♠8。既然东家没法盖打,你就垫掉一张方块。此后你可以调第二轮将牌,提掉◇A后出◇Q飞过去。你还可以用第三轮将牌进入明手。"

南家点了点头:"是的,即便东家能够用中间张盖打,假如西家拿着♠K,我也有进张过手,再出♠Q。东家也不像能盖打这张牌。"

"听起来,我的失误是在黑桃中而不是在梅花中。"东家评论道:"假如我避免了出♠10的本能反应,你就没法用这个规避打法了。我应当知道,定约人唯一的大黑桃是A。"

牌例 51 加的夫之谜

答案——第二部分

把♠A 缓拿到第三轮不可能是正确的。如果你认为西家有◇K，就应该赢进第一轮黑桃，给自己一个获得两个超额赢墩的机会。如果你认为东家有◇K，就应该赢进第二轮黑桃，留给自己一个用第三轮黑桃脱手的机会。

既然你无法从叫牌进程中判断哪个防守人拿着◇K，就应当赢进第二轮黑桃。此后，当你打了四轮梅花，发现西家在圆头花色中是 4-4 时，就知道了东家持长方块的可能性大于西家，因此也更可能持有◇K。你打出最后一张梅花时的残局是：

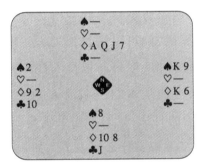

东家必须得垫张牌。如果是黑桃，你就用黑桃脱手。如果是方块，你就兑现◇A 击落◇K。东家无法在这个局势中欺骗你：只要假设西家会选择从♠QJ×× 而不是♡A×××中做首攻，西家不可能是 4-4-1-4。

当然了，这个投入打法仅在东家有第三轮黑桃赢张时才能奏效。西家可以在第二轮时出小，保留♠J 作为进张来避免这个局势。这样才能击败定约。

牌例 52 虚假经济

答案——第二部分

在动红桃之前先打方块也无济于事。西家只要尽早吃进 ◇K 继续攻击黑桃就行了。定约人还是只有八墩牌。先打出 ♡K 也没用。尽管这样避免了阻塞这门花色且能在这门花色中取到三墩牌(根据限制性选择原理,在第三轮要飞 ♡8),但还是不能在暗手赢进圆头花色的最后一个赢墩。

为什么在那一边赢进你的最后一墩红桃和梅花这样要紧呢?答案就是,你几乎拥有了打剥光紧逼的正确条件(或者在梅花 2-6 分布时的简单投入)——这与前一个牌例有些相似。为了在你放出一墩方块时 ◇K 有护张且保留足够的黑桃来击败你,西家将不得不放弃梅花中的潜在脱手张。假如你能在第九墩时从手里出张黑桃,就可以愉快地失去三墩黑桃,静等一张方块出向你的间张。但事实如此残酷,你只能把投入打法丢到脑后去了。

要意识到,西家不大可能从 ♠KJ10×× 或 ♠K109×× 的结构中首攻 ♠6,你本应该采用一个完全不同的打法,试图阻塞黑桃套。第一墩黑桃时扑上 ♠A。随后,你飞方块或者顶出 ♡A 都没什么问题了。如果西家继续打一张小黑桃,你放东家吃进这墩。假如西家选择出 ♠K,你的 ♠Q 和 ♠8 就让你又有了两个止张。无论如何,你都化解了黑桃套的威胁而打成了这个定约。让首攻的黑桃出向你的 ♠Q 是个虚假的经济打法。

牌例53 止步于小满贯

答案——第二部分

有两条打牌路线都强于前面所讲述过的打法。由于黑桃3-2分布的几率为68%，超过了东家持♠Q的几率，飞♠J是错误的。

一个可能性是赢进方块，调一轮将牌并打三轮黑桃，第三轮用大将吃。然后就调第二轮将牌，止于明手希望能够连出黑桃。打7♡时你要采取这条路线。事实上，第四桌的定约人就是这么打的。

既然只叫到6♡，你并不想依靠2-2的将牌分布。你可以对付更可能的3-1分布。打将牌之前，你先处理黑桃套：♠K、♠A和另一张黑桃。用大将吃（以避免被可能的单张将牌超将吃），用一张将牌渡到明手就开始连出黑桃。某个防守人，此例中是西家，可以将吃。一切都在掌握之中：你在获得出牌权后可以让明手赢进第二轮将牌，吃进所有的黑桃赢墩。

牌例54 约定叫的迷雾

答案——第二部分

看到这个投入，你就应该能够想个办法避免它。当定约人对着♡J打出一张红桃时，西家需要用♡K抢进这墩，兑现一墩梅花。这时候再出张红桃就是安全的了——只有在明手不将吃的情况下才能建立起♡Q——可防守方就要取到七墩牌了：两墩红桃，两墩方块和三墩梅花。

那么假设定约人决定出梅花，而不是红桃。西家被迫吃进后还是不能出黑桃。只能以红桃脱手。假如定约人已经把明手的♣J解封了，这张红桃出什么就至关重要了。如果一张小红桃出给A，定约人可以将吃东家的黑桃回牌，并靠明手将吃两轮红桃，着手建立第四轮红桃赢张——♣9就是回到暗手的进张，兑现♡Q。西家一定要兑现♡K后出张小红桃来脱手。这样，定约人就无法在不损失两墩红桃的情况下建立一个红桃赢墩。

牌例 55　关键所在

答案——第二部分

如果你兑现♠AK 时击落了♠Q，即便♣K 处于不利位置定约也打成了。但是，如果♠Q 没被击落，你的麻烦就大了。无论谁拿着♠Q，都可以安全地以红桃脱手(也可能是黑桃)。看来最好集中精力获得一个暗手的进张来飞梅花。

你从明手出♠J。如果黑桃是 3-3 分布(或者持♠Q 者黑桃比较短)，某个防守人就只能赢进这墩牌。这个打法此例中不能成功：东家可以忍让。同样，如果你从明手出小(一个较拙劣的打法)，东家可以用♠Q 吃进。

还有最后一个值得考虑的选择。假设定约人打了两轮将牌后先放下将牌，出♠J。东家只能忍让这墩牌，以避免把♠10 建立为进张。更要紧的是，如果定约人跟下来兑现♠AK，西家一定要忍住，不能将吃，以防止◇9 成为一个进张。定约人的路就此走到头了：西家可以超将吃第四轮黑桃并以一张红桃脱手。定约人只得从明手出梅花，并在这门花色里再丢一墩。

牌例 56　只取不予

答案——第二部分

看样子，你撞见第 22 条军规了——调将牌要损失两墩黑桃——放任敌方的将牌又要遭到两墩将吃。但我们有个解决方案。

你需要切断防守方的连通。出两次方块以消除东家的进张。由于这需要丢掉两次出牌权，你不能碰将牌——你要是调一轮将牌，西家就会再调两轮。小心，还有一个陷阱。

假设你在手里赢进黑桃首攻，出一轮方块。东家用尽可能小的牌张吃进，给西家一个将吃，用◇K 再次获得出牌权，又给西家第二次将吃。换个打法，你必须用♣A 过手，从明手出一张方块。如果东家不扑上◇K，你就用◇J 盖上。这样，你就能除去两轮方块(只让东家吃进其中一轮)，对着♠A 出黑桃，此后在明手将吃一轮黑桃——十墩牌。

牌例 57 安全要紧

答案——第二部分

定约人本应该在♠A 或♠K 下跟出♠Q，使得第三轮黑桃能够在明手赢进。东家大概要垫掉两张小红桃。跟下来出♢J，东家只能忍让，以避免把♢10 建立为通往梅花的进张。这样，定约人就可以连打方块，形成下面的残局：

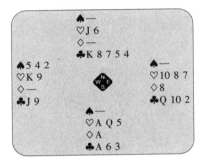

```
              ♠ —
              ♡ J 6
              ♢ —
              ♣ K 8 7 5 4
♠ 5 4 2                      ♠ —
♡ K 9          N             ♡ 10 8 7
♢ —          W   E           ♢ 8
♣ J 9          S             ♣ Q 10 2
              ♠ —
              ♡ A Q 5
              ♢ A
              ♣ A 6 3
```

在第三轮方块上，西家已经扔掉了一张红桃，在第四轮方块时还需要垫掉一张牌。

假如定约人从防守方的信号中获悉了红桃的情况，这时再垫一张红桃就是败招。危险不那么显著的是垫张梅花。这样垫将使定约人可以兑现♣A 后送出一墩梅花，同时达到两个目标，既避免了让西家进手又保持了明手的进张。唯一安全的垫牌就是一张黑桃。由于防守人已经得到了两个赢墩，两墩黑桃和♡K 就足以击败定约了。

西家保留了两张梅花后，定约人就无法把第一或第二轮梅花送给东家了。由于西家拿着♡K，定约人也不能连打三轮梅花。西家可以在第三轮梅花上扔掉一张黑桃，此后，东家安全地以红桃脱手。定约就垮掉了。

牌例 58 早寻退路

答案——第二部分

由于定约方的两边都有的是将牌，肯定有更好的办法来处理这手牌。正确的打法就是将吃掉首攻的红桃；保持明手在两门低花中都有四张的长度。打出A和另一张将牌，形成下面的局势：

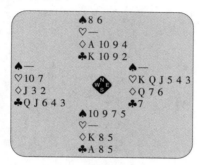

如前所述，西家能够推算出谁拿着◇Q。从西家的角度来看，定约人最可能的牌型好像是 6-1-4-2。如果的确如此，就没有切实可以击败定约的出法。出什么都立刻损失一墩；此后的低花紧逼将带给定约人第十二墩。

最好是希望定约人的牌型为 6-1-3-3。这样，任何一个只损失一墩的脱手张都是可行的。一张红桃是不可以的。定约人可以垫去手里的一张方块，然后靠将吃建立起一墩长方块。假如定约人猜得正确，以任何一张方块脱手也是不安全的。出方块将破坏防守方的止张结构，并让长方块得到赢墩。

西家必须以一张梅花脱手。出张大梅花自然是很诱人的。定约人将被迫猜Q-J都在同一边还是分在两边。可是，如果定约人猜对了，让你出的大牌被手里的A吃到，就会席卷全部四墩梅花，打成这个定约。西家更好的脱手张是小梅花。尽管这让定约人轻松吃到三墩梅花，西家却牢牢地控制了第四墩。当紧逼不存在时，满贯就无法成功了。

牌例 59 选择紧逼

答案——第二部分

双紧逼的确是有些机会的。如果西家拿着的是♠J而不是♠Q,很少有防守人会看到保留这门花色护张的必要性。东家本来也可以拿着♠QJ或者任意六张黑桃。但是,要感谢单张♡Q,尽管两个防守人都能看守黑桃,还是有条打成满贯的路径。你可能也注意到了,定约人差一点就吃到最后两墩——手里的♡Q和明手的♡A——只不过没有兑现到它们的办法。

一旦梅花的分布显露了,你可以兑现一个大黑桃赢张,将吃一轮梅花。然后就连打将牌,只剩一张将牌在手里。当你打出倒数第二张将牌时的残局是:

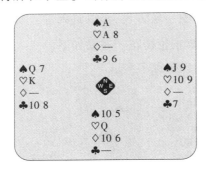

假如西家再垫一张黑桃,东家就只能靠自己来控制这门花色了。你从明手扔掉一张梅花,用♠A过手再将吃一墩梅花,东家就在高花中被紧逼了。

假如西家垫掉一张梅花,你就从明手扔掉一张红桃。此后就可以利用两个高花赢张作为进张,建立并兑现长梅花。

最后,假如西家扔掉♡K,你就从明手扔掉一张梅花并兑现♡Q。黑桃就是兑现♡A的进张。

这是双将吃撞击紧逼。

牌例 60 6 与 7 的战斗

答案——第二部分

　　西家的错误在于用♣Q进手。假如让东家赢进第一或第二轮梅花，换攻一张黑桃就把投入的打法化解了。定约人也犯了错误。打出♠9作为脱手张是个成功机会不大的想法。成功取决于西家拿着♠J和♠10。

　　有两个要解决的问题——剥光低花而不能让东家进手——且要防备西家有安全的黑桃脱手张。

　　打牌应该由一对6开始——一个输张垫输张的打法。明手第一墩跟◇6，暗手跟♣6，就保证了东家无法进手出黑桃。假设西家换出一张梅花。吃进这墩牌后，就用将牌进入明手，将吃一墩方块，再以将牌进入明手，将吃一轮梅花。第三次用将牌进入明手，将吃第三轮梅花。残局如下：

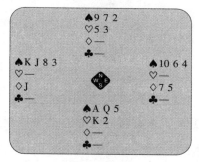

　　如果你认为西家可能拿着双张♠K，就兑现掉♠A，然后对着♠Q再出黑桃。此例中这个打法是不对的。你要用将牌进入明手，从对面开始出黑桃。希望西家拿着♠J8或者♠108，你出♠7，准备放它飞过去。如果东家盖打，你也盖打。当♠Q输给♠K时，♠A和♠9就形成了分离的间张。这样打，随便西家出什么，你都拿到了剩余的赢墩。

第六章　小结

牌例 61 凯姆罗斯的损失

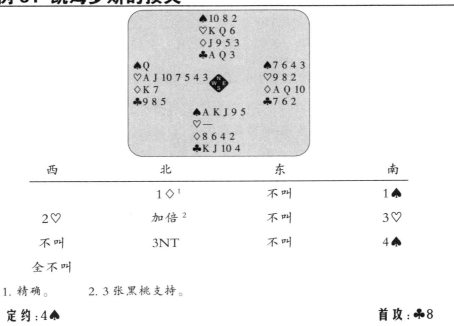

西	北	东	南
	1♦¹	不叫	1♠
2♡	加倍²	不叫	3♡
不叫	3NT	不叫	4♠
全不叫			

1. 精确。　　2. 3张黑桃支持。

定约：4♠　　　　　　　　　　　　　　**首攻：♣8**

牌例 62 额外的机会

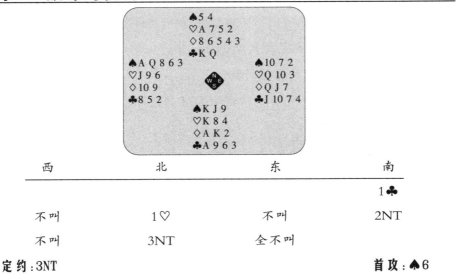

西	北	东	南
			1♣
不叫	1♡	不叫	2NT
不叫	3NT	全不叫	

定约：3NT　　　　　　　　　　　　　　**首攻：♠6**

牌例 61 凯姆罗斯的损失

答案——第一部分

这是来自 2006 年凯姆罗斯赛事威尔士对英格兰的比赛,最后一次有五支队伍参加这个赛事。坐在这桌南-北的是威尔士的保尔·丹宁和帕特里克·希尔兹,坐在东-西的是英格兰的考林·辛普森和大卫·普利斯。

假设定约人在手里赢进首攻的梅花,兑现一或两墩将牌,得到了好坏参半的消息——没有输墩,但是 4-1 分布。调光外面的将牌肯定意味着失败——防守方可以吃到三墩方块和一墩红桃。所以,兑现了两轮将牌后,丹宁转而处理方块。你认为后果是这样的?请看第二部分答案。

牌例 62 额外的机会

答案——第一部分

这副牌出现在一次四人队比赛时,两桌的南家都叫到了 3NT,且都遇到了黑桃首攻。两桌都是小黑桃出给了 ♠10 和 ♠J。一位定约人打出了 ♢AK 和另一张方块,毫无疑问,他希望西家是拿着三张方块的防守人。事与愿违,东家吃进后回出一张黑桃,定约转瞬间就毁灭了。

"如果我打红桃会好一点吗?"南家问道:"我可以渡到明手去出张红桃给 ♡8。红桃是 3-3 分布吗?"

"3-3 分布又有什么用?"东家回答:"我可以扑上 ♡10。你这么打没法不让我得到出牌权。如果你吃了 ♡K,再兑现 ♡A 的话,我还是可以吃进第三轮红桃。"

你能料想到另外一桌会发生什么吗?请看第二部分答案。

牌例 63 准确的时机

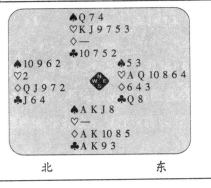

西	北	东	南
			2♣*
不叫	2◇*	2♡	不叫
不叫	加倍	不叫	3♡
不叫	4♣	不叫	6♣
全不叫			

定约：6♣   首攻：♡2

牌例 64 针锋相对

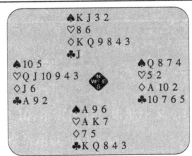

西	北	东	南
2♡	不叫	不叫	2NT
不叫	3♣*	不叫	3◇
不叫	3NT	全不叫	

定约：3NT   首攻：♡Q

牌例 63 准确的时机

答案——第一部分

牌桌上,定约人将吃了红桃就调了两轮将牌。跟下来就是两轮大方块和一墩方块将吃。此后,提了♠Q,一张黑桃回到暗手,再做第二轮方块将吃。当方块的局势不如意的时候,定约人的赢墩就不够了。西家赢得了最后两墩牌,每门低花一墩。

"咱们要是防守加倍的2♡会怎么样?"北家问:"我认为,有800分吧?"

"在这种局况下,我认为咱们不会合算的。"南家回答:"我觉得咱们满贯的机会不错。如果方块是4-4分布,或者东家拿着◇J9×之类的,我都可以建立起额外的方块赢墩来。可这牌实在太难打了。"

你同意这个说法吗?请看第二部分答案。

牌例 64 针锋相对

答案——第一部分

实战中的定约人赢进第二轮红桃后就出了张方块给K。东家忍让,放◇K吃到了这墩牌。跟下来明手出♣J,吃到了。定约人用♠A回手,试着打出第二轮方块。用◇A吃进◇Q之后,东家转攻一张梅花。西家的♣A吃掉了♣K,明手垫掉一张黑桃。西家打出第三轮红桃,东家扔掉一张黑桃。定约人吃进后就飞黑桃。东家用♠Q吃进,又回了一张黑桃给明手现在已经孤零零的♠K。两张低花10都吃到了,定约宕了两墩。

"我喜欢咱们都防的这么有耐心,"西家说:"而且残局打得也不错。如果你急着提了◇10,只能宕一了。"

"谢谢,"东家说:"要是定约人手里有♣9,我可就没法出梅花了。"

"的确,"南家说:"你们打得不错。我是无计可施了。"

你同意这个说法吗?请看第二部分答案。

牌例 65 功亏一篑

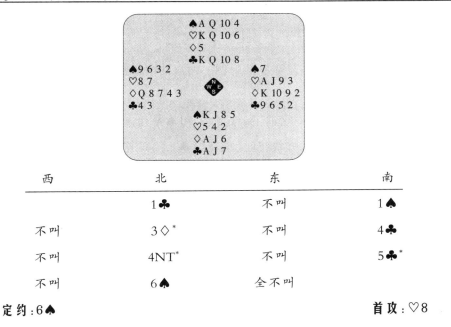

西	北	东	南
	1♣	不叫	1♠
不叫	3◇*	不叫	4♣
不叫	4NT*	不叫	5♣*
不叫	6♠	全不叫	

定约：6♠ 　　　　　　　　　　　　　　　　　　　首攻：♡8

牌例 66 预防措施

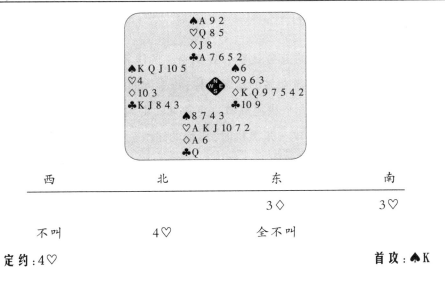

西	北	东	南
		3◇	3♡
不叫	4♡	全不叫	

定约：4♡ 　　　　　　　　　　　　　　　　　　　首攻：♠K

牌例 65 功亏一篑

答案——第一部分

这是个出自加的夫联盟赛事的牌例。两桌的南家都在北家表示了短方块后主打 6♠ 定约。

在一桌上，东家放 ♡K 吃进了。定约人用 ♠A 和 ♠Q 调了两轮将牌，然后就出了张方块给 ◇A。此后，方块将吃，梅花给 ♣J，第二轮方块将吃，又是一张梅花给 ♣A。定约人再调完外面剩下的两张将牌，又取了两墩梅花，打成了这个满贯。

"打得漂亮！"北家说："时机掌握得刚刚好。"

"我们能有什么办法吗？"西家问："或者是首攻错了？"

"假如你不首攻红桃，我自己也能在这门花色里做个赢墩出来。"南家回答："我只要早一点打这门花色就行了。"

你能找出个打败这个满贯的办法来吗？请看第二部分答案。

牌例 66 预防措施

答案——第一部分

这副牌出自 2010 年的 IBM 比赛，在英格兰的汉普舍尔的许多俱乐部举办的赛事。如同大多数参赛者众多的比赛一样，每副牌的结果都是五花八门的。有几对牌手打 3NT，吃到了九个快速赢墩。更常见的定约是红桃的局。

当西家对 4♡ 定约首攻一张黑桃时，典型的路线就是赢进这墩牌，调两轮将牌，再回出一张黑桃。如果定约人已经用掉了 ♡Q，西家就可以再打出两轮黑桃，希望东家能够对第四轮超将吃。定约人有对抗的方法吗？

在 ♡Q 还在明手的时候，大多数西家牌手会试另一个方法。他们会转攻一张方块，东家叫过的花色，赢进第三轮黑桃后还是出一张方块。这样，东家就可以调第三轮将牌。如果定约人不调这么多轮将牌，他能够成功吗？请看第二部分答案。

牌例 67 设计陷阱

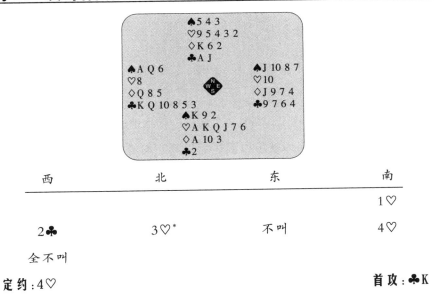

西	北	东	南
			1♡
2♣	3♡*	不叫	4♡
全不叫			

定约:4♡   首攻:♣K

牌例 68 精确打击

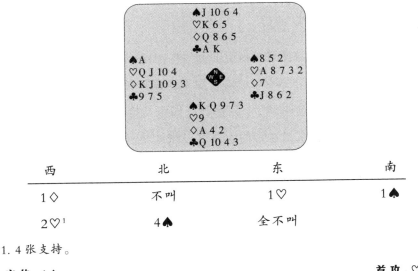

西	北	东	南
1◇	不叫	1♡	1♠
2♡¹	4♠	全不叫	

1. 4张支持。

定约:4♠   首攻:♡Q

牌例 67 设计陷阱

答案——第一部分

如果东家拿着♠A,十墩牌是不费吹灰之力的,所以打牌路线的设计应该围绕着在西家持有♠A进行。

假设你先吃进首攻并将吃一墩梅花。调过一轮将牌后,用◇K过手再打出一张方块。东家只能跟小,否则你就可以赢进后以第三轮方块脱手。如果你在第二轮方块时出◇A,西家就能解封掉◇Q,把东家的◇J建立成一个进张。打◇10一定要好一些,如果方块是5-2分布,马上就形成投入了。但事实上,西家可以吃进后回出这门花色。你被迫在手里赢进,用一张将牌渡到明手,试试黑桃的运气。

在这样的局势下,你计划如何处理黑桃套呢?这打法能成功吗?如果不行,有没有一个更好的避免四个输墩的办法?请看第二部分答案。

牌例 68 精确打击

答案——第一部分

有些牌手拿北家这手牌愿意叫得更细腻一些,但最终的定约恐怕还是一样的。

牌桌上的东-西方使用支持性加倍。如果西家加倍1♠,将表示对红桃的三张支持。按这样的约定,加叫到2♡就保证有四张支持。

掌握了这条信息,东家知道定约人只有一张红桃,他用♡A超吃了♡Q就回出了一张方块。

假如定约人简单地吃进◇A,打一张将牌,西家就可以赢进,兑现◇K并给东家一个将吃取得宕墩。牌桌上,定约人预见到了这种情况,赢进了方块,用一张梅花过手后就用♡K垫掉了一张方块。他避免了对方的方块将吃,打成了这个定约。

防守方能找到一个更有效的防守路线来吗?请看第二部分答案。

牌例 69　自选毒药

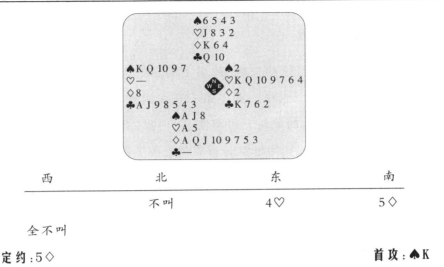

西	北	东	南
	不叫	4♡	5◇

全不叫

定约：5◇　　　　　　　　　　　　　　　　　　首攻：♠K

牌例 70　稳妥的退路

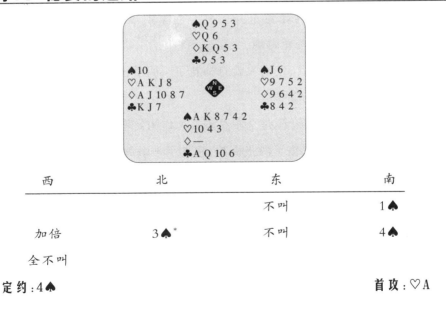

西	北	东	南
		不叫	1♠
加倍	3♠*	不叫	4♠

全不叫

定约：4♠　　　　　　　　　　　　　　　　　　首攻：♡A

牌例 69 自选毒药

答案——第一部分

面对着高花中三个可能的失墩,牌桌上的定约人决定忍让第一轮黑桃。他希望黑桃是 3-3 分布, 这样, 明手第十三张黑桃就可以垫去一个红桃输张,或者西家跌入巴斯谱的陷阱。可事实是,西家的确继续出黑桃……

东家将吃了第二轮黑桃,回出♡K。西家将吃掉了南家的♡A,又打出第三轮黑桃。虽然东家已经没有将牌了,定约人还要丢掉一墩红桃。定约宕掉了两墩。用♠A 吃进第一墩黑桃能打成定约吗?请看第二部分答案。

牌例 70 稳妥的退路

答案——第一部分

西家先兑现了两墩大红桃。东家在第一轮跟出了♡7,表示双数张,又在第二轮跟出♡5,表示中性花色选择信号。西家换攻了一张将牌。

定约人用♠AK 调了两轮将牌,又在明手将吃了一墩红桃。西家当然要盖打这张红桃,以防万一。此后,定约人就打梅花了。明手出♣3,东家跟♣2,定约人用♣10 飞过去,♣J 吃进了。

牌桌上,西家兑现,或者说是企图兑现◇A 作为宕墩。定约人将吃了,用一张将牌渡到明手,在◇KQ 上垫了两张梅花,卷走了十墩牌。

显而易见,东家的一手破牌,跟出了正确的信号,没什么可以作为的了。西家在七张牌的残局中有安全的脱手张吗?如果没有,定约是铁打不宕的,还是早期有什么地方出错了呢?请看第二部分答案。

牌例 71 小处不可随便

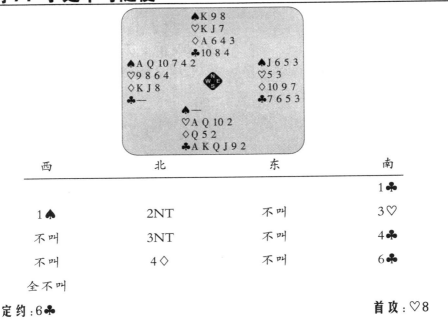

西	北	东	南
			1♣
1♠	2NT	不叫	3♡
不叫	3NT	不叫	4♣
不叫	4♢	不叫	6♣
全不叫			

定约：6♣   首攻：♡8

牌例 72 勇闯雷区

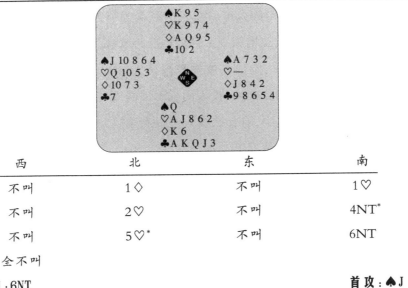

西	北	东	南
不叫	1♢	不叫	1♡
不叫	2♡	不叫	4NT*
不叫	5♡*	不叫	6NT
全不叫			

定约：6NT   首攻：♠J

127

牌例71 小处不可随便

答案——第一部分

牌桌上的定约人在手里赢进首攻的红桃,出了张小将牌给明手的8。随后在暗手将吃了一墩黑桃,一墩红桃到明手,又是第二墩黑桃将吃。定约人然后又打了张小红桃到明手,准备继续他输张垫输张的计划,用♠K垫一张方块。可残酷的事实是,东家将吃了。定约因此宕二。

这就是定约人希望达到的残局(期望中原本红桃是3-3分布):

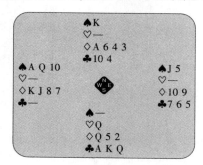

```
              ♠ K
              ♡ —
              ◇ A 6 4 3
              ♣ 10 4
♠ A Q 10                    ♠ J 5
♡ —            N            ♡ —
◇ K J 8 7    W   E          ◇ 10 9
♣ —            S            ♣ 7 6 5
              ♠ —
              ♡ Q
              ◇ Q 5 2
              ♣ A K Q
```

西家用♠A进手后能出什么呢?一张方块脱手就让◇Q吃到一墩。出张黑桃就让定约人将吃垫牌了。定约人可以在明手用♣10将吃,垫掉手里另一张方块,此后就可以调将牌了。长红桃和◇A将是最后两墩牌。

假如将牌是2-2分布,定约人就要先调第二轮将牌,再兑现红桃形成同样的残局。只要西家没有四张红桃,投入同样可以奏效。

但在实际的牌张分布中,有什么投入可以利用吗? 如果没有,有什么别的办法可以打成这个满贯吗? 请看第二部分答案。

牌例 72 勇闯雷区

答案——第一部分

南北两位成功地避开了 6♡,这个定约要损失一张 A 和一墩将牌(至少的)。

让我们假设东家吃进了 ♠A 并转攻一张梅花。你可以计算一下分布,希望能解决红桃中的猜测。但是,知道西家拿着 ♠10,紧逼是更好的打算。只有一个防守人可以看守第三轮红桃,而且只有一个防守人可以看守第四轮方块。你还不知道要打哪个紧逼——针对西家的黑桃/红桃紧逼,针对西家的黑桃/方块紧逼还是针对东家的红桃/方块。你要组合各种机会。

在明手赢进这墩梅花,兑现三墩方块和 ♠K,手里垫红桃。然后打光梅花:

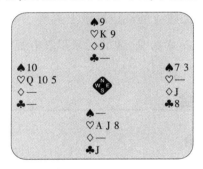

在最后一张梅花时,西家在高花中受挤了。

这个打法在东家看守两门红花色也能让他受挤,因为在这墩牌上,既然 ♠10 没有出现,你可以垫掉明手的黑桃了。

如果西家看守黑桃和方块,你也有很好的机会。因为,为了保护尖头花色,西家只能保留一张红桃。这往往会解决红桃中的猜测。

现在,假设东家也懂得一点紧逼的道理,忍让了第一轮黑桃。会有什么样的结果呢?请看第二部分答案。

牌例 61 凯姆罗斯的损失

答案——第二部分

普利斯明智地在这轮方块上跟小。他怀疑到定约人在红桃中是缺门，因此希望第一轮红桃从桌子的另一边开始发动。

辛普森用♢10吃进了♢9并转攻一张红桃。丹宁将吃后打出第二轮方块。如果普利斯赢进这墩牌，他将处于无助的地位。假如他跟下来出♡A，定约人无论垫掉一张方块还是将吃，都能吃到剩下的牌墩完成定约。

辛普森用♢A把♢K超吃了，从而避开了这个麻烦。但是，还有最后一道障碍。如果辛普森打一张红桃（或一张将牌给明手），定约人可以在这轮红桃上垫一张方块，并在明手已经建立的红桃赢墩上再垫一张方块。要击败这个定约，辛普森必须先提掉♢Q。不幸的是，我的记录里没有显示他到底是怎样出的。

牌例 62 额外的机会

答案——第二部分

另外一个定约人看到了一个在方块中的额外机会。或许东家会拿着♢7。这张有趣的牌此刻拿在手里一定像冰啤酒一样，冷冰冰的。

定约人以一墩梅花渡到明手，拉起一张小方块。假如东家跟出♢7，定约人就准备放小，知道西家只能超吃过去（除非方块是5-0分布，但那是谁也应付不了的）。实战中，东家跟了♢J。定约人赢进后，再以一墩梅花进入明手，重复这个打法。这次，东家不能再打大牌了，否则防守方的方块赢墩就消失了。当♢7出现时，定约人忍让了。定约人就这样建立起了方块套，同时避免了对♠K9的致命威胁。

这个打法不仅在西家持三张方块时能成功，同样在东家持三张方块，但包括♢7也是成功的打法。

牌例 63 准确的时机

答案——第二部分

紧逼是没有机会的——西家拿着方块,东家拿着红桃。投入也没可能——西家有将牌赢墩但是没有间张。要得到额外的赢墩,你需要在明手将吃三墩方块。

两个问题是有待解决的——首先,要避免超将吃——第二,要有足够的进张来完成将吃,并回手调将牌。达成这两个目标需要把时机掌握得恰到好处。

将吃过首攻的红桃后,打张小方块,在明手将吃。用将牌回手,再将吃一张小方块。用一墩黑桃回手,将吃你最后一张小方块。再次以黑桃回手兑现你剩余的将牌赢墩。此后,你的打法用不着那么精确了。你可以连续兑现方块,也可以先兑现♠Q。无论怎么出,当你将吃一墩红桃时,西家所能做的,不过就是超将吃,再把出牌权还给你。

牌例 64 针锋相对

答案——第二部分

防守方的确打得很不错。如果东家吃进第一轮方块,定约人就能享用这个长套了。如果西家吃了第一轮梅花,定约人就能建立一墩长梅花,对东家造成很大的麻烦。

这副牌的真正要点在于方块套一开始的打法。假设红桃是 6-2 分布,定约人可以承受两个方块输墩,因为东家已经没有红桃可出了,而两张低花 A 又不会都在西家手里。第一墩方块不能放上◇K,定约人应该在明手出◇9。东家无法忍让这一墩。那么,定约就此打成了吗?

防守人原本就不应该有机会让明手出◇9。西家应该扑上◇J。如果◇J吃到了,西家就有足够的进张建立并兑现红桃套。如果明手盖打◇J,东家就要忍让,定约还是要像前面一样宕掉。

牌例 65 功亏一篑

答案——第二部分

既然首攻的不是个单张，东家吃进第一墩再回出红桃显然是没用的。赢进这墩红桃回出将牌也没什么意义。定约人只需要将吃两墩方块，因此调他一、两轮将牌也伤害不到他。那么，吃进红桃后出张方块能行吗？定约人需要对这个防守稍加小心，但直接将吃一墩方块就没有麻烦了。

要击败这个定约，东家需要吃进这墩红桃再转攻一张梅花。我们假设定约人在明手赢进，调两轮将牌后开始处理方块。打 A 和另一张就能安全地完成第一次将吃。然后，以一墩梅花回手做第二次将吃。可是，当定约人试图以第三轮梅花回手时，西家可以将吃了。因为西家的♠9×××使得定约人不能超打将牌，在转攻梅花之后，他永远少一个进张，也缺少一墩。

牌例 66 预防措施

答案——第二部分

如果打牌过程是黑桃，♡A，♡Q，黑桃，黑桃，黑桃，定约人可能会从明手扔掉一张方块，以便组织一次方块将吃。东家对此也有对策，在某个机会垫掉两张梅花(在第四、第五轮黑桃时机会就不错)。定约人在明手得到了一个方块将吃，但吃不到♣A 了。

显然，在明手保留一张大将牌就强多了，尽管我们已经看到，如果你已经调过两轮将牌，这个打法还是不够好。你最多只能调一轮将牌。可是，如果你把一墩黑桃放出去的过早，东家可以在连出的黑桃上扔掉两张梅花。这就使得西家可以出♣K，此后，就没有办法就得到黑桃将吃并吃到♣A 了。

你需要采取一个预防措施。在回出黑桃之前，要兑现掉♣A。这就让防守方无计可施了。他们既得不到将吃赢墩，也无法阻止你用♡Q 将吃第四轮黑桃。

牌例 67 设计陷阱

答案——第二部分

在这个局势中你有两个机会(除了♠A 在有利位置之外)。首先,如果西家拿着♠AQJ10 或者东家睡着了,你可以从明手出黑桃,暗手放♠9。第二,如果东家放上一张比♠9 大的牌,你可以放过这一墩,第二轮时再放上♠K。假如西家的黑桃是双张,你就能得到一个将吃垫牌。可在此例中,这两个机会都不成立。

假设你把♣J 留在明手作为脱手张,会有效果吗?如果前面的打牌进程基本相同,西家用◇Q 进手后就可以简单地打一墩梅花,而用不着出方块了。假如你将吃这墩梅花,你又回到了原来的局势。打得好一点,你会拒绝将吃,希望方块是 5–2 分布,但他还是把一张方块出回来了。这样的话你的处境就更糟糕了,因为你连在黑桃中投入的选择都失去了。

但是,♣J 却可以被更巧妙地运用。你吃进♣A,调了将牌后以一张将牌进入明手。这时打出♣J,垫掉一张黑桃。西家吃进后,为避免直接送你一墩,以一张小方块脱手。你赢进后形成这个残局:

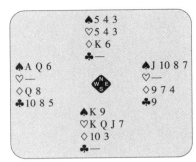

你打张方块给◇K 再以一张方块脱手,西家就无可奈何地被投入了。

牌例 68 精确打击

答案——第二部分

这种形势下,跟出态度信号是没意义的。因此,东家在第一墩上要跟♡2,表示有五张。西家跟下来该出什么呢?

一个选择是按东家有♠K来打:兑现♠A之后消极地以一门圆头花色脱手。当然了,从叫牌上看这太不可能了。一个更好的设想是按东家有单张方块来打。防守人要怎样才能得到一墩黑桃,一墩红桃,一墩方块和一墩将吃,凑齐他们所需要的四墩牌呢?

如果西家转攻◇J,◇Q可以吃到。当西家以♠A进手再打一轮方块时,东家只能将吃到一个输张。南家的◇A仍然能吃到一墩牌。

西家必须打得更精彩一些,转攻◇K。定约人赢进后出将牌,西家吃进后就继续出◇J,对明手的◇Q打将吃飞牌。现在,定约人只得希望♣10是第四轮赢张,以供他从明手垫去两张方块,此后在明手将吃一墩方块。东家带有护张的♣J使他这个设想无法实现,定约人总共要丢掉一墩方块,一墩将吃和两张A。

牌例 69 自选毒药

答案——第二部分

都有哪些方案可供选择呢？紧逼是根本不存在的。除了缺乏进张,东家的红桃在明手的后面,而西家的黑桃间张在定约人的后面。假如说有什么办法能打成十一墩牌,答案一定是与投入有关的。

如果明手有♡10,你可以用一张红桃投入东家。剥光梅花,顺路调光外面的将牌,兑现♡A后出张红桃给♡10。实际这手牌里,你的红桃结构太差了,没法这样打。黑桃套也同样没法用于脱手。你的脱手张只能在梅花里面找。

赢进了首攻的黑桃,你出一张相当大的方块(比如,◇Q)给明手的◇K。用大将牌(比如,◇J)将吃一轮梅花,然后就做出关键性的打法,兑现♡A。小心地组织你明手的将牌进张,第二次进入明手,打成这样的残局:

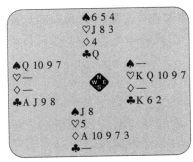

打出♣Q,垫掉你手里剩下的那张红桃。防守人可以挑选他们的毒药了。如果♣K吃进了,你在♡K上垫掉一张黑桃,东家就无计可施了——要么送♡J吃一墩,要么给你一个将吃垫牌。假如西家赢进这墩梅花会这样呢?或者你的♠J吃到一墩,或者得到一个将吃垫牌。两种选择殊途同归——十一墩牌。

牌例 70 稳妥的退路

答案——第二部分

西家原本可以在早些时候换攻一张将牌，或者继续打出第三轮红桃。但这两种打法不会带来任何变化。定约人都能打成同样的局势。这意味着定约是打不宕的吗？让我们再来研究一下这个残局：

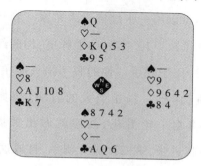

如我们前面所见，打◇A不行。把一张梅花出向♣AQ也不是好主意——即便梅花不是 3-3 分布，明手还剩下一张将牌可以对付可能的第四轮梅花。出张红桃也于事无补，要送出一个将吃垫牌。定约人在手里将吃红桃，明手就能垫一张梅花。再打♣A 和另一张梅花，♣K 就要掉下来了。

就像小说中夏洛克·福尔摩斯有一次所说的："一旦把不可能的都排除掉了，剩下的，不管可能性多么微小，都一定是事实了。"西家需要以一张小方块脱手(大概应当是◇J)。从哪里得来这样打的线索呢？

东家的信号给出了这些花色的张数。如果定约人只有五张将牌——不可能的事——定约就是打不成的。因此，根据推算，东家的牌型一定是 2-4-4-3，南家的是 6-3-0-4。

由于在方块上垫一张牌对于定约人是没用的，西家可以拿到第二墩梅花击败定约。

牌例 71 小处不可随便

答案——第二部分

定约人对于大牌的判断是正确的,从叫牌来看,西家拿着◇K。如果东家有这张牌,他大概就要加叫黑桃了;如果西家没有这张牌,他完全可以使用弱跳争叫了。得出这个推断,还有投入之外的两种可能性。一个就是按◇K为双张来打。原本这个机会不错,但发现了将牌的分布机会就不大了。另外一个就是紧逼。

简单地兑现赢墩可不行。西家可以保留两张方块和♠A。必须要调整输张。的确,定约人有这个机会——随着打牌的进程,在第一轮黑桃时扔掉◇2。西家赢进后,打出第二轮红桃,定约人吃进后就调将牌,形成这个残局:

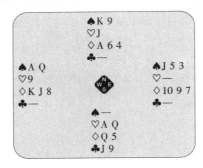

在两门圆头花色里各兑现两个赢张就把西家挤得投降了。

防守方要怎样才能阻止这个局势的发生呢?东家要用♠J盖打第一轮黑桃。这样,定约人就不能垫方块,因为东家要获得出牌权——出张方块就要除掉明手的方块进张了。把这墩将吃了,再回明手去出另一张黑桃也不行——西家将赢进第二轮黑桃并打出第三轮,把你的威胁张消灭了。

牌例 72 勇闯雷区

答案——第二部分

当东家缓拿了♠A，简单紧逼就不存在了。没有方便的办法可以放出一墩去"调整输张"。假如定约人还打原来的路线，西家可以在残局时把♠10垫成单张，因为东家用♠A进手后有第四轮方块可以兑现。

这回，定约人要在早期试探红桃，因为试探的结果要影响到明手的垫牌。我们假设三轮梅花过后你打♡A（第三轮梅花垫掉明手一张红桃）。当东家示缺了，你再打张红桃给♡10和♡K，然后以◇K回手。再兑现一个梅花赢张，西家和明手都扔掉一张红桃。你可以兑现最后一墩梅花了：

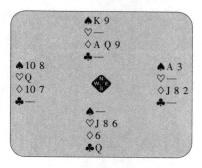

西家必须保留红桃。为防止你用一张方块进入明手后出♠K，西家还得保留两张黑桃。因此，只能垫一张方块。明手扔掉♠9后，压力转移到了东家。要看守方块，东家只得让♠A成为单张。你此时以一张方块进入明手，顺路击落了◇10，就以♠K脱手。强迫防守人出向明手刚刚构成的方块新间张就给了你第十二墩牌。只要你读得清形势，防守人就束手无策了。